A Casa do Penhasco

A Casa do Penhasco

Copyright by © Petit Editora e Distribuidora Ltda., 2000
19-09-24-100-52.770

Coordenação editorial: **Ronaldo A. Sperdutti**
Capa e diagramação: **Ricardo Brito**
Revisão: **Fernanda Almeida Umile**
        Letícia Castello Branco Braun
Impressão: **Renovagraf**

Dados Internacionais de Catalogação na Publicação (CIP)
(Câmara Brasileira do Livro, SP, Brasil)

> Carlos, Antônio (Espírito).
>   A casa do penhasco / romance do Espírito Antônio Carlos; psicografado pela médium Vera Lúcia Marinzeck de Carvalho. – São Paulo : Petit, 2000.
>
> **ISBN 978-85-7253-069-9**
>
>   1. Espiritismo   2. Psicografia   3. Romance brasileiro
> I. Carvalho, Vera Lúcia Marinzeck de   II. Título.
>
> 00-3564   CDD: 133.93

Índice para catálogo sistemático:
1. Romances espíritas: Espiritismo   133.93

Direitos autorais reservados.
É proibida a reprodução total ou parcial, de qualquer forma
ou por qualquer meio, salvo com autorização da Editora.
(Lei nº 9.610, de 19 de fevereiro de 1998.)
Traduções somente com autorização por escrito da Editora.
Impresso no Brasil.

> Prezado leitor(a),
> Caso encontre neste livro alguma parte que acredita que vai interessar ou mesmo ajudar outras pessoas e decida distribuí-la por meio da internet ou outro meio, nunca deixe de mencionar a fonte, pois assim estará preservando os direitos do autor e consequentemente contribuindo para uma ótima divulgação do livro.

A Casa do Penhasco

Romance do Espírito
Antônio Carlos

Psicografado pela médium
Vera Lúcia Marinzeck de Carvalho

Av. Porto Ferreira, 1031 – Pq. Iracema
CEP 15809-020 – Catanduva – SP
Fone: (17) 3531-4444
www.petit.com.br | petit@petit.com.br
www.boanova.net | boanova@boanova.net

Livros da médium
VERA LÚCIA MARINZECK DE CARVALHO

Com o Espírito Antônio Carlos
- *Reconciliação*
- *Cativos e Libertos*
- *Copos que Andam*
- *Filho Adotivo*
- *Reparando Erros de Vidas Passadas*
- *A Mansão da Pedra Torta*
- *Palco das Encarnações*
- *Histórias Maravilhosas da Espiritualidade*
- *Muitos São os Chamados*
- *Reflexos do Passado*
- *Aqueles Que Amam0*
- *Novamente Juntos*
- *A Casa do Penhasco*
- *O Mistério do Sobrado*
- *O Último Jantar*
- *O Jardim das Rosas*
- *O Sonâmbulo*
- *O Céu Pode Esperar*
- *Por Que Comigo?*
- *A Gruta das Orquídeas*
- *O Castelo dos Sonhos*
- *O Ateu*
- *O Enigma da Fazenda*
- *O Cravo na Lapela*
- *A Casa do Bosque*
- *Entrevistas com os Espíritos*
- *O caminho das estrelas*

Com o Espírito Patrícia
- *Violetas na Janela*
- *A Casa do Escritor*
- *O Voo da Gaivota*
- *Vivendo no Mundo dos Espíritos*

Com o Espírito Rosângela
- *O Difícil Caminho das Drogas*
- *Flores de Maria*

Com o Espírito Jussara
- *Cabocla*
- *Sonhos de Liberdade*

Com espíritos diversos
- *O Que Encontrei do Outro Lado da Vida*
- *Deficiente Mental: Por Que Fui Um?*
- *Morri! E Agora?*
- *Ah, Se Eu Pudesse Voltar no Tempo!*
- *Somente uma Lembrança*

Livros em outros idiomas
- *Violets on the Window*
- *Violetas en la Ventana*
- *Violoj sur Fenestro*

A Vanessa, minha filha,
com todo meu amor de mãe.

Vera.
Primavera de 2000.

Sumário

capítulo 1: A mudança 9

capítulo 2: Osvaldo 25

capítulo 3: Apavorando Henrique 37

capítulo 4: Acontecimentos desagradáveis 52

capítulo 5: A história real 66

capítulo 6: Orientando 80

capítulo 7: A história de Angélica 96

capítulo 8: A brincadeira do copo 110

capítulo 9: Carmelo 129

capítulo 10: Uma história interessante 140

capítulo 11: Com os filhos 156

capítulo I

A mudança

Angélica olhou as caixas, as malas e as roupas que estavam em cima da cama e suspirou:
"Como mudança dá trabalho!"
Teve vontade de cobrir o enorme espelho da penteadeira, mas não o fez.
"Posso não me ver no espelho, mas as pessoas me vêem" – pensou.
Preferia lembrar de sua imagem antes, com os cabelos louros avermelhados, lisos, macios e compridos. Balançou a cabeça.
"Eles crescerão de novo!" – Falou baixinho.
Escutava muito isso e ansiava por tê-los novamente. Mas o que importava, o que doía, era que naquele momento ela não os tinha. A peruca a incomodava, por isso usava lenço na cabeça; tinha-os de diversas cores, sua mãe os comprara. Mas, mesmo muito vaidosa, estar sem cabelos não era o pior. Não podia nem lembrar dos enjôos, vômitos, da fraqueza terrível que sentia após o medicamento.

"Ficarei curada! Será?" – Balbuciou, estranhando a própria voz.

"Há, há, há, moça careca! Que feio!"

Disse rindo alguém que era invisível à mocinha, mas ela sentiu a vibração, passou a mão pela cabeça e sussurrou:

"Se alguém me vir assim irá rir."

Colocou o lenço. Teve a impressão de que tinha alguém atrás dela e virou-se, não viu ninguém. Uma gaveta que acabara de fechar estava aberta.

"Que coisa! Fechei-a, tenho certeza!" – E a fechou novamente com força.

"Há, há, há..."

Teve a impressão de que alguém rira.

– Angélica! – Gritou seu irmão, Henrique, entrando no quarto.

– Você me assustou! Isso são modos de entrar no quarto? – Resmungou a mocinha.

– Desculpe-me, não queria assustá-la. Vim ver se precisa de ajuda. Gostou da casa? Dos móveis novos? Seu quarto está bonito!

– Gostei de tudo! Sempre quis ter um quarto só para mim – disse Angélica.

– Esta casa tem muitos quartos, todos grandes. A suíte para papai e mamãe, o quarto da Fabiana, o seu, ainda outro para hóspede e o meu, que também é grande e bonito. Foi um achado esta casa, você não acha?

– E ainda não é longe da cidade – falou Angélica.

– São quinze quilômetros. Na outra cidade em que morávamos a escola ficava a trinta quilômetros. Você vai gostar daqui, maninha. O ar é tão puro! Mas você resmungava quando entrei. O que foi?

— Tinha certeza de que fechara a gaveta, virei-me e ela estava aberta.

— Xi, não sei não, não queria falar, mas... — Henrique fez uma cara de suspense.

— Agora fale!

— Fantasmas, creio que nesta casa há fantasmas.

— Ora, Henrique! Não venha com besteira. Você acredita nisso?

— Não sei! Não acreditava, mas agora já não sei. Angélica, vamos analisar. Papai alugou esta bela casa, neste lindo lugar, perto da cidade e do mar, é só descer o morro e temos praias lindas dos dois lados, por um preço baixo. A imobiliária alegou que o dono queria uma família para morar e não para temporada, como se alugam muitas casas por aqui. Não dá para desconfiar de que possa ter algo estranho? Desde que viemos para cá tenho visto e ouvido coisas inexplicáveis, barulhos esquisitos, parece ronco, não sei explicar o que é. Bem, deixemos isso para lá, estou contente porque você veio e gostou daqui, eu também estou gostando. A escola é boa e já fiz amigos. E olhe a minha cor, é de ir à praia.

Angélica olhou para o irmão enquanto ele falava. Henrique era bonito, tinha quatorze anos, era forte e alto para sua idade, mas ainda o sentia como criança; seus cabelos eram como os dela, avermelhados, olhos grandes e olhar esperto. Ele viera antes com o pai, Roberto; a mãe, Dinéia, tinha ficado com ela no hospital. Quando teve alta ficou na casa da avó e a mãe veio. Só quando se sentiu bem juntou-se à família, isso na tarde anterior. Estava arrumando seus pertences no enorme quarto.

— De fato a casa é bonita! A Casa do Penhasco! — Exclamou Angélica.

— Como sabe o nome dela? — Indagou Henrique.
— Li a placa da entrada — disse a mocinha rindo.
— Vamos descer, Angélica, deixe para arrumar isso depois, quero lhe mostrar os dois cachorros que papai comprou para mim.
— Então ganhou cachorros? Realizou seu sonho — falou rindo a irmã.
— Aqui é perfeito, ou quase, espero que o fantasma não atrapalhe.

Henrique pegou na mão da irmã e saíram rindo. Alguém que os observava resmungou:

"Não quero ninguém nesta casa. Se tenho de ficar aqui, que seja sozinho!"

E a porta do quarto bateu com força.
— É o vento! — Exclamou Angélica.
— Mas não está ventando... — falou Henrique.
— Vamos ver seus cachorros!

Angélica arrepiou-se, tentou continuar sorrindo, não quis dar atenção ao fato de a porta ter batido nem aos arrepios; queria participar do entusiasmo do irmão e foi com ele ver os cãezinhos.

Henrique havia feito um cercado do lado direito da casa, fez um canil para os dois filhotes. Angélica achou-os lindos e pegou-os.

— Que bonitos, Henrique! Que animais lindos!

Levantou a cabeça e olhou, a casa era tão majestosa, no meio das pedras e da vegetação. Era um sobrado pintado recentemente de branco e azul, com várias janelas pequenas sem beirais, algumas com vitrais coloridos, não tinha nenhuma sacada, era uma construção antiga, bem-feita, dessas de resistir ao tempo.

"Deve guardar muitas histórias..." – pensou a mocinha, continuando a observar a casa.

Os quartos e banheiros ficavam no andar superior, embaixo as salas e a cozinha, a entrada dava para um *hall* onde ficavam as diversas portas para as salas e a escada. A casa era bem repartida, os cômodos grandes e arejados. Angélica sentiu que alguém a observava e teve a impressão de ver um vulto numa das janelas. Quando olhou de novo, não viu mais nada.

Angélica manteve um cachorrinho nos braços e Henrique pegou o outro, eram animaizinhos fofos, brancos com pintas pretas. Foram para a cozinha.

– Bom dia, Nena! – Exclamou a mocinha.

– Bom dia. Estou fazendo o doce de que gosta, vou alimentá-la bem e você logo estará como antes.

– Não exagere, quero voltar ao meu peso, mas não engordar. E aí, dona Filomena, gostou daqui?

– Menina, não me chame assim, senão adeus doce – riu a empregada.

Filomena, a quem todos chamavam de Nena, estava com eles havia muito tempo, era uma mulata bondosa, trabalhadeira, era como se fosse da família. Quando mudaram, ela foi junto.

– E então, gostou daqui, Nena? – Insistiu Angélica.

– Gostei! O clima é muito bom: mar, montanha e sol. Venha ver meu quarto!

Da cozinha saíram por um corredor e lá estava o apartamento de Nena, grande e arejado.

– Que bonito! – Exclamou Angélica. – Está bem instalada. Nena, o serviço deve ter aumentado muito, você tem dado conta? Mamãe tem ajudado?

13

— Dona Dinéia recebeu muitas encomendas. Está trabalhando bastante. Senhor Roberto contratou uma faxineira da cidade, ela vem todas as segundas-feiras.

— Será que ela virá de novo? — Intrometeu-se Henrique. — Ela está com medo das coisas estranhas que acontecem por aqui. Ouvi-a resmungar, quis que eu ficasse na sala da frente com ela enquanto limpava. Deu graças a Deus quando terminou o trabalho e mamãe a pagou.

— Henrique, pare com isso! Não se deve ter medo de alma penada — falou Nena.

"Não sou alma penada!" — Falou o vulto.

— Não é alma penada — repetiu Henrique —, e sim fantasma.

— Por quê? — Indagou Nena.

— Sei lá, penada é quem tem pena. E esse fantasma não é pássaro.

— Penada, porque devemos ter dó, pena, porque o morto não encontrou seu lugar — insistiu Nena.

— Que complicado! — Exclamou Angélica. — Deixem essa história para lá. Vou ver mamãe.

Henrique foi guardar os cãezinhos e Angélica foi ao estúdio da mãe. Numa das salas, Dinéia fez seu local de trabalho.

— Angélica! — Exclamou a mãe, contente. Veja como ficou bonita minha sala. Nem acredito que tenho agora um lugar só para eu trabalhar, sem ser incomodada ou incomodar.

— Nena me falou que você tem muitos pedidos.

— Como nunca tive! Três lojas da cidade interessaram-se pelas minhas bijuterias, e meus antigos clientes fizeram pedidos grandes. Veja, estas pedras são aqui da região.

"Minha mãe é uma artista — pensou Angélica. — Seu trabalho é delicado, perfeito, faz bem-feito porque ama fazê-lo."

A Casa do Penhasco

– São lindas, mamãe! Estas peças novas são maravilhosas. Este lugar deve ter lhe dado mais inspiração. Estão perfeitas! Parabéns!

Uma caixa que estava em cima de um móvel caiu. Dinéia pegou as peças que se espalharam.

– Que estranho! Como caiu? – Indagou Angélica.

– Ora, devo ter colocado em falso.

"Que coisa! – Exclamou o vulto, aborrecido. – Não consigo assustar esta mulher. Para tudo ela tem explicação. Tive de ir rápido até o menino, pegar não sei o quê[1] dele para derrubar a caixa, foi um trabalhão, e ela diz que a colocou em lugar errado. Nunca vi ninguém mais distraída."

Angélica deixou a mãe trabalhando e saiu à procura do irmão. Encontrou-o brincando com os cães.

– Henrique, por que não foi à escola?

– Ia ter uma reunião dos professores. Venha, Angélica, vou lhe mostrar o terreno em volta da casa. Deste lado, à direita, tem um declive com árvores, creio que não são nativas, que foram plantadas, pois há muitas plantas da mesma espécie; no fundo, um pequeno pomar; na frente, o jardim que mamãe está cultivando, deverá ficar lindo; e à esquerda, a mata.

– Daqui não se avista o mar? – Indagou a garota.

– Só se subir nesta árvore alta. A casa fica no morro, a estrada passa logo ali; indo em frente por este caminho vamos

---

[1] – "Pegar não sei o quê": quando o espírito deseja movimentar um objeto usa uma combinação de seus próprios fluidos com os de um médium, com ou sem seu conhecimento, e por determinado tempo impregna o objeto, podendo então, pela vontade, dar-lhe movimento. Os espíritos podem chegar a conhecer, independentemente de sua evolução moral, a maneira de manipular essa energia. Veja O *Livro dos Médiuns*, de Allan Kardec, capítulos 1 e 4 da segunda parte (Nota do Editor).

chegar a ela, e seguindo uma trilha pela mata, depois das pedras, o mar é lindo e maravilhoso, onde as águas batem nas pedras, e andando um pouco mais temos uma bela praia. Descendo pela estrada à esquerda temos a cidade.

— Vou para o quarto, acho que cansei — falou Angélica, despedindo-se do irmão.

Entrou e, curiosa, se pôs a olhar tudo, aquela casa despertou seu interesse. Tinha três salas grandes, uma pequena e única varanda à frente da porta principal. Havia numa das salas uma lareira de pedras muito bonita.

"Ficamos todos bem acomodados" — pensou.

Entrou no seu quarto, sentou-se numa poltrona, olhou as roupas para pôr no lugar, resolveu deixar para depois e descansar. Estava cansada, um simples passeio deixou-a prostrada.

O vulto a olhou e riu, achou-a muito engraçada careca. Ela se pôs a pensar e ele se sentou perto e ficou escutando.

"Já se passaram meses, quase dois anos, tudo era tão diferente... Isso sim foi uma grande mudança!

Eu tinha acabado de completar dezessete anos, estávamos no começo do ano letivo, cursava o terceiro ano do segundo grau, queria continuar os estudos, estava em dúvida entre psicologia e farmácia. Namorava César, achava que estávamos apaixonados. Tinha muitas amigas, ia a festas, boates, gostava de passear.

Minha menstruação desregulou, comecei a ter muito sangramento. Fui ao médico, que colheu material para exame e, quando pronto, o médico chamou pelos meus pais. Fui junto. Se tinha problema era melhor saber logo. E teve. Doutor Lúcio rodeou, explicou muito, dizendo que eu tinha de procurar um especialista, talvez tivesse de fazer uma cirurgia etc.

'Por favor, doutor, fale logo o que minha filha tem' – pediu mamãe.

Num impulso, peguei o papel, o resultado do exame, da escrivaninha e li. Os três silenciaram, olharam para mim. Balbuciei:

'Células cancerosas. Estou com câncer...'

Demorou uns segundos para o médico voltar a falar.

'Atualmente temos tido bons resultados com essa doença. Por isso recomendo irem logo a um especialista. Você irá se curar!'

'Como pode ter tanta certeza?' – Indagou mamãe.

'Bem, creio que descobrimos logo e...'

'Irei morrer?' – Interrompi.

'Dessa doença, com certeza, não! Você é jovem, lutará e vencerá. Como já disse, muitos saram e você também sarará.'

Só chorei em casa, sozinha no quarto. Não queria morrer. Tinha tantos sonhos, tantas coisas que queria fazer. Era jovem, bonita e feliz. Não queria ficar doente. Sabia pouca coisa dessa doença, só que ela fazia sofrer muito. Não queria ter dor. Chorei até adormecer.

No outro dia, ninguém em casa comentou nada, papai e mamãe pareciam normais, como se nada tivesse acontecido. Resolvi agir como eles. Em vez de ir à escola, fui a uma biblioteca pesquisar sobre a doença; o que li me deixou desanimada, não contive as lágrimas; só que chorei baixinho para não atrapalhar outros leitores. Achando que isso me fizera mal, fui embora para casa, não li mais nada e procurei não conversar sobre essa doença. Tentei me animar e pensar nos dizeres do médico amigo, na possibilidade de me curar. Tinha de ter esperanças. Orei muito pedindo a Deus minha cura. Compreendi que não era só eu que sofria, meus pais também estavam sofrendo muito, por eles me esforcei e aceitei fazer o que decidiram.

Novas consultas, diagnóstico confirmado e foi feita a cirurgia, na qual foram extraídos um ovário e o útero. Foi tudo tão rápido, fui tão mimada e tudo transcorreu bem. César me visitou no hospital, levou-me rosas, fez-me companhia. As amigas se revezavam. Tive dores, mas os dias passaram rápidos e aí veio o pior: o tratamento. Tinha de me internar; ficava no hospital sem os familiares, num quarto com outras pessoas, pois o tratamento era caro e tinha de ser feito pelo plano de saúde de papai. Passava muito mal ao tomar os remédios, vomitava muito, ficava deprimida e de mau humor, os cabelos caíram, as amigas começaram a se ausentar e César começou a diminuir as visitas.

'Angélica, viram César numa festa e ele ficou com uma garota.'

Chorei quando Fabiana me contou.

'Ingrato! Idiota!' – Xinguei-o com raiva.

Mamãe me consolou e entendi que César era jovem, vinte anos, estudava, era bonito, estava sendo difícil para ele ter de ficar em casa, ter uma namorada doente. E quando ele foi me visitar, terminei o namoro.

'César, estive pensando, não é certo você se prender a mim. Acho que não quero namorar você e...'

'É aquele médico, não é? Você gosta dele!'

Não tinha nada com o médico, um jovem recém-formado que ia sempre me visitar quando estava no hospital. Não desmenti, seria mais fácil. Resolvemos ser amigos e César foi embora. Eu fiquei chorando, não só por ele, por tudo, estava cansada de remédios, médicos e hospitais.

Uma amiga da escola foi me visitar, falou dos preparativos da festa de formatura. Eu não ia mais à escola, parara de estudar. Não tinha ânimo para nada, às vezes nem conseguia ler um livro, algo de que sempre gostei. Fiquei pensando: se não fosse a doença, também estaria contente pensando na festa de formatura. Passei uns dias muito triste, mas compreendi que meus pais e avós sofriam comigo e me esforcei para melhorar, para não ficar triste. Entendi que pior que a doença é ter dó de si mesma. Esforcei-me para expulsar a autopiedade.

Foi muito ruim estar doente. Como aprendi a dar valor à saúde do corpo! Muitas vezes queria chorar e não conseguia fazê-lo. No hospital, havia outros doentes que choravam junto e isso incomodava porque queria dormir, ler ou conversar, não era certo piorar o ambiente com minhas lástimas. Como desejei chorar no colo de mamãe, como fazia quando era criança! Mas ao vê-la sofrida, até emagrecera, tentando me animar, esforçando-se para sorrir, não queria entristecê-la mais ainda. Papai dava uma de forte, mas muitas vezes, ao sair do quarto, fazia-o chorando. Como entristecê-lo mais? Em casa não me deixavam sozinha, repartia o quarto com Fabiana. Uma vez ela saiu, fora a uma festa, ia dormir na casa de uma amiga. Chorei até adormecer, me fez bem, as lágrimas pareciam me lavar, me limpar. Um dia, achando que minha irmã estava dormindo, chorei baixinho.

'Está chorando, Angélica?' – Indagou Fabiana.

'Não, claro que não!' – Respondi.

'Por que esconde seu choro? O que há de mau em chorar quando se está com vontade? Você tem motivos para isso.'

'Motivos? Acha que tenho motivos?'

'Claro! Está doente, tem dores, passa por esse tratamento que lhe dá muitos incômodos. Quer que eu a abrace? Quer chorar junto a mim?'

'Quero!'

Desde aquele dia, não chorei mais escondido, refugiava-me nos braços de vovó, papai, mamãe e de Fabiana. Choro repartido é mais confortante, chorava menos recebendo o carinho de afetos. Deixei consolar e fui consolada.

Via no hospital muitos doentes. Fiz amizade com Eunice, uma mulher doente que tinha três filhos pequenos.

'Ainda bem que não tenho filhos, seria bem pior morrer e deixar órfãos' – falei alto e estranhei minha voz ressoar pelo quarto.

Voltei aos meus pensamentos, às minhas lembranças. Eunice era muito boa, otimista, tinha dores, não reclamava, só chorava quando os filhos iam embora nas rápidas visitas. O esposo era jovem, parecia cansado, trabalhava muito, cuidava dos filhos e estava endividado. Eunice foi piorando, ficou muito feia, magra e mesmo assim continuava sorrindo e animando a todos.

'Ânimo, Angélica, seu câncer não é do mesmo tipo do meu. Será impossível eu sarar, mas você sim, irá se curar!'

'Eunice, que religião você segue?' – Indaguei, curiosa.

'Sou espírita! Sabe, Angélica, o Espiritismo nos dá muita compreensão da vida, faz entender e aceitar os acontecimentos ruins, levando a compreender a bondade e a justiça de Deus. Não é uma religião de sofrimento, mas nos leva a entendê-lo. Aproveito esta lição, sim, encaro minha doença como uma grande lição, tornei-me mais humana, compreensiva, tenho meditado e sinto Deus em mim.'

'E seus filhos?' – Perguntei.

'Precisam de mim, sei disso. Quem não necessita de mãe? Mas meu marido é muito bom e eles têm duas avós maravilhosas, estarão protegidos.'

Fiquei com tanto dó de Eunice e de seus filhos que orei muito pedindo a Deus que ela sarasse, se quisesse que me levasse em vez dela, não me importaria de morrer no seu lugar. Ela com os filhos era mais útil do que eu.

Eunice ajudava a todos, dava consolo, orientava. Eu gostava dela, admirava-a. Saí do hospital deixando-a mal. Quando retornei, uma enfermeira me contou que ela havia falecido, serena como viveu. Chorei, senti falta dela.

Márcia ficara daquela vez no leito ao meu lado, tinha dezesseis anos e também estava com câncer. Recebeu só uma visita, a da assistente social do seu internato. Ela era órfã, estava numa instituição para menores. Ficava mais tempo no hospital para receber os cuidados que não teria onde morava. Ouvi-a chorar baixinho, indaguei o porquê, ela respondeu:

'Estou com medo!'

'Quer que eu aproxime minha cama da sua e segure sua mão?' – Perguntei.

'Quero!'

'Não chore, Márcia, você irá sarar' – consolei-a, segurando sua mão.

'Talvez sare, mas quem se alegrará com a minha recuperação? Não tenho ninguém.'

'Você se alegrando não é o suficiente? Terá ainda sua família.'

'Logo terei de sair da instituição, preocupo-me com o que fazer, com quem ficar. E se não tiver sarado? Mas a assistente social me afirmou que a instituição me abrigará até que eu sare. O hospital faz todo o tratamento' – falou ela.

'Não tem amigos? Não conhece ninguém fora de lá?'
– Perguntei.

'Só você, as enfermeiras e os médicos. Tenho amigas, mas elas não têm como vir aqui. São sozinhas como eu. Não me importo em sarar, talvez seja melhor morrer. Você tem medo da morte?'

'Não sei, mas não quero morrer' – respondi.

'Sabe, Angélica, às vezes a solidão dói mais do que o tratamento.'

Márcia dormiu e eu fiquei pensando no que ela dissera: 'a solidão dói mais...' dei graças por ter afetos.

Morte... é estranho você pensar nela, pensar que este corpo de que cuidamos, o qual higienizamos, irá ser pó. Não havia pensado nessa possibilidade até me ver em perigo, ter uma doença que poderia ser fatal. E pensar que irá acontecer é confuso; nisso invejava os espíritas, eles pareciam ter esse entendimento. Resolvi não pensar nela, como se não pensar afastasse essa possibilidade. Mas tudo é vida e comecei a fazer planos, projetos, coisas que iria fazer logo que sarasse.

Lucinha estava com leucemia, tinha só oito anos, chorava, chamava pelos pais, não queria tomar injeção. Ao escutá-la tinha vontade de chorar, também não queria tomar a injeção. Mas era adulta ou grande para fazer não valer minha vontade, chorava baixinho cobrindo o rosto com o lençol. Lucinha também morreu. E eu estava no hospital quando isso aconteceu. O choro dolorido de sua mãe me fez calar, era um choro tão sofrido que fez silenciar a todos. Tinha muito que meditar ali, creio que todos os que estão internados têm motivos para pensar na vida e na morte.

Uma vez, encontrei no hospital, na enfermaria ao lado, a masculina, um senhor que estava revoltado, dizia blasfêmias, xingava, era mal-educado. Tinha cinquenta e quatro anos. Soube porque dizia:

'Só tenho cinquenta e quatro anos, como morrer? Maldita doença!'

Não aceitava conselhos e evitava a todos. Irmã Beatriz, uma freira, pedia para que se calasse; ele só o fazia quando ela ordenava. Quando ele quietava todos suspiravam aliviados. Irmã Beatriz entrou na nossa enfermaria para uma visita, logo após ter ordenado que se calasse; vendo-nos assustadas, falou, animando-nos:

'Vamos orar, por favor não entrem na vibração de revolta desse senhor. Deus sabe o que faz! Depois temos tido muitas curas, mais da metade de nossos doentes têm se curado. Nada de desânimo! Pai nosso...'

Fiquei pensando no que Irmã Beatriz dissera, sabia que não era verdade, alguns saravam, mas a maioria morria. Vendo-me preocupada, ela carinhosamente veio até mim.

'A revolta contagia! Não se deixe abater, minha filha. Seu tratamento tem dado resultado.'

Ninguém gostava de cuidar do senhor revoltado, faziam porque eram obrigados. Concluí: ele sofre mais.

Eu orei muito enquanto estive no leito do hospital e em casa; a prece me confortava, esforcei-me para ser otimista e me queixar menos.

Não encontrei mais com aquele senhor, a enfermeira disse que ele voltara mais uma vez, queixou-se do atendimento e foi para outro hospital.

Identificava-me com cada pessoa doente que via no hospital, sentia o que eles sofriam, uns até mais que eu. Chorava junto, fiz amizades, tínhamos muito em comum para conversar. Éramos esperançosos. E o tratamento não foi fácil. Lembrava de tudo; mas recordações ruins não devem ser cultuadas, tinha de esquecer, porque o tratamento acabara, e, segundo os médicos, com êxito. E eu não vou pensar mais sobre isso, minha doença ficou no passado e ele passou...

Eu estava internada quando papai e meus irmãos mudaram para cá. Papai estava tão contente, tão entusiasmado!

'O lugar é lindo! Teremos o mar, as montanhas e sossego. Comprei móveis novos, a casa é grande. E você, minha filha, terá um quarto só para você.'

Gostei de ter mudado, não sentiria falta de nada, as amigas estavam afastadas, César estava namorando outra, as colegas de escola haviam se formado no ano anterior, muitas passaram em cursos superiores, outras faziam cursinho e eu ainda teria de acabar o segundo grau. Depois, era sempre desagradável encontrar conhecidos, que me olhavam com dó, vendo-me como futura defunta, ou piedosos, que tentavam me animar. A maioria queria saber do tratamento, de resultados. Não entendiam que eu não queria falar sobre a doença. Pelo menos ali ninguém me conhecia nem sabia o que acontecera comigo.

Que mudança! Espero que esta, para esta casa, seja a última!"

Suspirou e se pôs a arrumar seu quarto.

capítulo 2

Osvaldo

O vulto que sentara junto de Angélica e escutava seus pensamentos, suas lembranças, era Osvaldo, um desencarnado que vivia ali. Quando a mocinha levantou da poltrona, ele enxugou as lágrimas que corriam pelo rosto.

"Que coisa! Que tristeza! A Carequinha é assim por doença ou pelo tratamento dessa doença horrível! Coitadinha! Olhando bem, até que não é feia! E eu ri dela! Está magra, mas é bem-feita de corpo, tem os lábios bem desenhados, o nariz pequeno e os olhos são lindos, são como duas jabuticabas, pretinhos. Essa eu não atormento! Não assombro! Não mesmo! Está doentinha! Pensa que sarou, mas dessa doença ninguém sara. Ficará mais doente até morrer. Aí será como eu! É tão estranho, morre-se tão fácil!"

Saiu do quarto, sentou-se num canto de uma das salas e se pôs a pensar, a recordar:

"'Fique aqui! Fique para sempre!'

Malditas palavras que me prendem, estou aqui há muitos anos, nem sei dizer quanto tempo, e não consigo sair.

Gosto da solidão, as pessoas me incomodam, reclamam demais, me perturbam. Se tenho de ficar aqui, que eu fique sozinho. Tenho de expulsar essa família daqui como fiz com as outras.

Recebi os impactos, dois tiros certeiros, depois o pesadelo, demorei para sair daquela maldita madorna e me vi sozinho nesta casa, que parecia abandonada. Grande parte dos móveis sumiu, a decoração da casa era muito bonita, tapetes vermelhos, estofados vistosos, muitos vasos com flores, cortinas de veludo, a casa sempre estava linda; Leda tinha bom gosto.

O mato em volta da casa estava alto, o jardim desapareceu, não tinha mais os canteiros floridos. Estava muito triste, abandonado daquele modo. Foi um período muito confuso, não sabia o que fazia ali sozinho, dormira muito, mas tinha horror em fazê-lo, pois sonhava, ou melhor, tinha pesadelos com aquelas cenas trágicas que queria esquecer e não conseguia. Andava pela casa e em sua volta com dificuldade, e fui melhorando. Um dia, estava dormindo quando acordei com um barulho; eram uns trabalhadores carpindo o jardim.

'Até que enfim alguém para limpar. Vou ajudá-los!' – Exclamei, animando-me.

Mas quando comecei a ajudar, os ingratos saíram correndo, largaram até as ferramentas.

'Bando de preguiçosos!'

Isso ocorreu mais duas vezes, parecia que não queriam minha ajuda.

'Já sei – concluí –, eles devem pensar que eu também matei a menina, a Fatinha, mas eu só assassinei a Leda, que mereceu. Todos sabiam que ela não prestava'.

Tentei falar com eles, com os trabalhadores, explicar que não queria fazer mal a eles; mas foi pior. Fiquei com raiva, deveria ser como bicho ou monstro para eles terem medo assim de mim. Eles não acreditavam em mim, achavam e até hoje todos pensam que matei a garotinha. Mas não iria fazer isso, não fiz, era tão bonita a filha de Leda.

Quando os trabalhadores foram embora correndo, fiz um juramento:

'Ingratos! São uns ingratos! Não os ajudo mais! Não mesmo.'

E cumpri a palavra. Mas não era preguiçoso, sempre trabalhei, desde pequeno, e gostava, queria fazer alguma coisa e não conseguia. E o jardim estava um mato só. Por mais que tentasse, não conseguia carpir nem fazer qualquer trabalho. Tantas vezes tentei varrer a casa, limpá-la, e ela continuava suja. Deveria ser praga do senhor Irineu, o dono da casa, que me ordenou ficar ali, e foi embora e nunca mais voltou.

Fiquei tempo sem ver ninguém, nenhuma pessoa veio aqui. Aprendi a gostar da solidão, só que pensava muito. Como mudei os acontecimentos, sempre achava um final feliz para mim, senhor Irineu morria, Leda dizia que me amava, ficava comigo e éramos felizes. Mas a realidade sempre me despertava de modo cruel, tudo aquilo aconteceu e eu estava ali, só e infeliz. Eu não gostava de recordar, mas o fazia como um castigo, um terrível e interminável castigo.

E os anos foram se passando, não sei determinar quantos. Resolvi vigiar o local e estava sempre atento, até os garotos que vinham xeretar ou em busca de frutas do pomar eu enxotava, e era uma correria. Como ria e me divertia, queria que viessem mais vezes, mas eles se assustavam, tinham medo do assassino. Isso me irritava, não tinha matado a garota, só Leda, meu grande amor.

Fiquei muito sozinho, os dias eram intermináveis. Quando não se faz nada, o tempo demora a passar. Enquanto ficava recordando, pensando, sofria, sofro... Mas me acostumei e não queria compartilhar a casa com ninguém.

Lembro bem do dia em que dois homens vieram de carro, entraram no jardim e comentaram:

'Essa história de assombração é invenção! Com o aspecto desta casa, qualquer um se assusta.'

'Herdei do meu tio esta propriedade, vou arrumá-la para alugar. Amanhã mesmo virão os homens que contratei, limparão o jardim, o pomar, e o melhor, aterrarão o buraco.'

'Isso é bom, do lado direito o penhasco é perigoso!' – Comentou o primeiro.

'Modificando o local em que houve o crime da menina mudará o aspecto e o falatório acabará. Comprei caminhões de terra para aterrá-lo – falou o que herdara, o novo dono.

'Ficará caro.'

'Dá pena ver isso abandonado.'

Fiquei só ouvindo, curioso. Achei interessante aterrar aquele lugar perigoso, cheio de pedras, e havia só uma trilha para passar. Aquele lugar me dava arrepios, quase não ia lá, não gostava, mas às vezes era impulsionado a ir, de cima olhava o buraco, e foram muitas as vezes que chorei, parecia ainda ver Fatinha caída com seu pijama cor-de-rosa, lá esticada, morta. Achava aquele lugar horrível e aprovei a ideia de aterrá-lo. Sem o buraco, não iria mais ver aquela cena macabra. Resolvi só ficar observando, sem fazer nada.

Mas foi aí que percebi que as pessoas não me viam, elas passavam por mim ignorando-me; cheguei pertinho de algumas e nada, realmente elas não me enxergavam e eu era a assombração tão falada. Por algum motivo que eu desconhecia, estava invisível e, dependendo da pessoa que estava ali na propriedade, eu conseguia fazer barulho, assustar. Fiquei muito triste, talvez tivesse morrido e nem percebido. Nunca soube direito o que acontecia quando a pessoa morria, não acreditava no inferno e achava muito boba a ideia de no céu não ter de fazer nada, mas nunca pensei em morrer e ficar assim como fiquei, sem fazer nada e não estar no céu; ser um assassino e não ir para o fogo do inferno. De qualquer modo, estava sendo castigado, fiquei ali preso no local do crime e muito infeliz.

Os trabalhadores vieram, eram muitos, começaram a descarregar caminhões de terra, roçaram o mato, tiraram a hera, a folhagem das paredes da casa; pintaram, consertaram, e eu quieto, só olhando.

Achando muito chato todo aquele movimento, resolvi ir embora, mas não conseguia sair da propriedade. Embora nada me prendesse, sentia-me preso, não conseguia passar além do jardim; com esforço dava uns passos pela estradinha, era atraído de novo para a casa. Todas as vezes que tentava, escutava a voz irada do senhor Irineu: 'Fique aqui para sempre!' Naquele dia tentei, como tentei! Queria ir mesmo, embora não soubesse para onde. Esforcei-me tanto que caí e me arrastei pelo chão. 'Fique! Fique!' Tive de voltar, aborrecido, chorei, mas nada adiantou. Tive de ficar.

Escutei um dia a conversa de dois trabalhadores que pintavam a casa.

'Aqui aconteceu um crime bárbaro, um empregado matou o casal, donos da propriedade, e depois se suicidou.'

'É mentira! É mentira!' – Gritei irado.

'Você ouviu? Parece que alguém disse que é mentira' – disse um deles.

'Ouvi, deve ser alguém lá fora. Vamos parar de falar nesse assunto. Isso atrai espíritos. Vamos trabalhar!' – Falou o outro.

'É melhor mesmo! Trabalhem, bando de mentirosos' – resmunguei.

Pensei em assustar todos e pôr para correr aqueles homens insensíveis, mas resolvi não fazer isso, queria o lado direito do penhasco aterrado. Aquele declive me causava terror. O trabalho terminou, ficou lindo; os banheiros modernos, tudo pintado, acabou o perigo, plantaram árvores no aterro, fiquei satisfeito, fiquei de novo sozinho, todos foram embora. A casa estava mais clara pela pintura, mais arejada.

Fiquei pensando e concluí que morri realmente e estava ali por castigo, que era bem merecido, embora achasse que a culpa era também dos outros envolvidos. A única inocente era Fatinha.

Andava de um lado para outro, vigiava tudo, sabia até das teias de aranhas. Uma vida de ociosidade, mas castigo era castigo e este parecia interminável, para sempre, como disse aquele maldito.

Veio uma família olhar a casa.

'Se esta casa foi assombrada, não é mais. O proprietário disse que o falatório é porque estava abandonada; na reforma, muitos homens trabalharam aqui e não viram nada' – disse o homem.

'Tomara que não seja mesmo, não gosto dessas coisas. Para mim, morreu, deve ficar bem morto – falou a mulher.

'O aluguel está bom, a casa é grande e bonita' – comentou ele.

'Grande demais, tenho de arrumar uma empregada' – resmungou ela.

Examinei-os. O homem era gordo, a mulher miúda e magra, achei graça e ri. 'Casal OI ou 10.'

Ela virou para ele e falou, brava:

'Não ria!'

'Não estou rindo!'

Mudaram. Tinha o casal dois filhos pequenos. Não gostei deles, o homem era metido, orgulhoso, achando que resolvia tudo. E o mais interessante é que quando eu me aproximava dele, recebia força e fazia os objetos se mexerem, fazer barulho, e me divertia assustando-os.

Aguentei os homens trabalhando. À noite paravam e iam embora; mas aqueles moravam aqui, isso não, nesta casa quem morava era eu, só eu e não queria companhia. Então fiz um plano para expulsá-los daqui e comecei a atormentá-los. Preferia a noite, que é mais assustadora, para fazer barulho. Só não mexia com as crianças, não sou covarde, elas eram pequenas. Depois tinha medo de que, assustadas, fizessem como a outra, a Fatinha. Mas tudo o que acontecia naquela casa, a chata da mulher colocava a culpa em mim. Se o menino chorava, se tinha dor, era eu. Um dia, consegui puxar o cabelo dela; ri bastante, achando bem merecido.

Era à tardinha, estavam sentados na sala. Ela comentou:

'Não estou gostando desta casa e quero me mudar. O aluguel é barato; muita esmola, o santo desconfia. Por esse aluguel irrisório, só podia ter algo atrapalhando. Ela é realmente mal-assombrada. Não há explicação para os barulhos, objetos caírem e as risadas, que são um horror. Deve ser o espírito do assassino.'

'Também não estou me sentindo bem; nesta casa fico muito fatigado e triste. Eu, que sempre fui alegre. Tenho pensado se realmente não é mediunidade que eu tenho. Não quero mexer com isso; não sei por que esse dom não é dado a quem quer. Dizem que eu sou sensitivo, que posso ajudar outras pessoas, mas não quero – falou ele.

'Se é sensitivo, ou se essa sua mediunidade é forte, por que não manda nesse espírito? Deve ser um demônio esse assassino!' – Expressou ela.

'Sou sensitivo, mas não sei fazer isso! Não aprendi nem quero aprender. Que esse assassino pare de encher e vá para o inferno, que é o lugar dele' – falou autoritário.

Que desaforo! Resolvi dar uma lição naquele gordo insolente. Olhei, concentrei-me no relógio que estava em cima de um móvel e ele foi mexendo, até que caiu. Ri, dei minhas gostosas gargalhadas. Os dois se assustaram e minha risada ecoou pela casa toda. O garotinho pediu:

'Faz mais isso, papai, estou gostando.'

'Eu não fico aqui nem mais um minuto. Não durmo mais nesta casa. Maldita mil vezes essa assombração!' – Falou a mulher.

Ela pegou as crianças e o gordo foi atrás dela. Entraram no carro e foram embora apavorados. Achei graça e ri até cansar. Mas sem o gordo minha risada não era ouvida pelos que tinham o corpo de carne. Fiquei satisfeito, meu plano deu certo, expulsei os intrusos.

Depois de dois dias o caminhão de mudança veio buscar os objetos deles. Fiquei quieto num canto, afinal o casal fez o que eu queria, foi embora, e eu não quis atrapalhar o pessoal da mudança. Um dos carregadores comentou:

'Nunca vi uma mudança assim. Parece que saíram correndo, largaram até comida na mesa.'

'Dizem por aí que foram assustados por um fantasma; saíram de tarde, foram para um hotel com a roupa do corpo. Ninguém aqui na cidade quis fazer a mudança, aí nos contrataram de longe. Espero que o senhor fantasma, isto é, se realmente ele existe, permita que façamos a mudança em paz. Afinal, estamos trabalhando!'

Assim era mais fácil, gostava de respeito, e fiquei observando. E me livrara do casal 'OI' e era isso que importava.

Novamente a casa ficou abandonada, o mato cresceu e eu fiquei durante anos sozinho.

Um dia, um senhor bateu palmas. Fui ver e me defrontei com um homem que olhou para todos os lados e disse alto:

'Senhor... não sei como chamá-lo, fantasma, assombração... Desculpe eu vir assim. Vou explicar: Chamo-me Olegário, tenho família, mulher e três filhos, estou desempregado e estamos passando necessidade. O único emprego que arrumei foi na imobiliária para carpir e arrumar esta casa. Por isso peço permissão para fazer meu serviço sem ser assombrado, pois tenho medo. Se não precisasse tanto, não viria, mas tenha dó de mim, deixe-me trabalhar em paz'.

O homem, o Olegário, falou com sinceridade. Escutei, pensei e, já que pediu, resolvi deixá-lo em paz, e o fiz por dois motivos: porque fiquei com dó dele e queria que o terreno fosse limpo. E assim Olegário passou a trabalhar, limpou tudo, até plantou algumas flores e depois passou a vir duas vezes por semana e até limpava a casa.

Como lastimei por não ver o mar, ficava tão perto... Só o via de cima da árvore, a que o rapazinho, Henrique, descobrira. Quando estava com muita saudade, subia na árvore e o via de longe. Talvez de cima da casa também pudesse ver, mas nunca subi.

Mar, como amava o mar! Desde pequeno gostava de sentar na areia e contemplá-lo, observava as ondas desde sua formação até quando quebravam na areia. Depois, sempre que estava triste, ia para perto, tomava banho nas suas águas salgadas e me acalmava. Mas agora que sou morto, será que conseguirei banhar-me? Acho que não. Mas só o contemplar me bastaria. Como me divertia com os coleguinhas na praia, jogando bola, nadando! Amigos, tinha saudades deles; quando pequenos, os meninos me aborreciam, bastava eu me desentender com eles que escutava: 'Sua mãe o abandonou! Seu pai é um bêbado!' Isso me doía. Ah, se eu pudesse sair daqui! Agora que sei que posso assustar as pessoas, ia dar bons sustos neles. Como será que está o Tampinha? E o Sonrisal? Gostava de dar apelidos. Eram bons garotos, estimava-os. Pensando bem, eu também os ofendia. Não devo levar em conta brincadeiras de criança. Crescemos juntos e continuamos amigos. Sonrisal até que me aconselhou a sair do emprego, não ficar mais perto dela, eu é que não o atendi. Será que eles pensam em mim? Certamente não falam sobre mim, não é interessante dizer que foram amigos do assassino da Casa do Penhasco.

Novamente vieram me aborrecer, acabar com meu sossego. Mudou-se outra família para minha casa: uma senhora viúva e cinco filhos. Que pessoal esquisito, não gostei deles! Falavam e comiam demais, resmungavam e brigavam, mas não havia ninguém para me dar 'aquela força' para que fizesse mover objetos ou me escutar. Mas percebi que podia prejudicá-los de outra maneira: se ficasse perto de um deles, a pessoa se queixava. Incrível, ela sentia o que eu estava sentindo! Podia deixar nervoso qualquer um, e agi assim para fazer com que se mudassem.

A CASA DO PENHASCO

'Que dor no peito! Desde que nos mudamos para cá estou tendo essa dor. Aqui não tem assombração; se tinha, deve ter ido embora. Assustou-se conosco!' – Falou um dos moços.

'Não gosto daqui, tenho tido sonhos estranhos, que alguém me dá tiros no peito e fico com dor' – queixou-se a moça.

'Vocês ainda saem, eu fico mais em casa e sinto muita tristeza. Também acho que não foi bom termos mudado para cá. Que tal apressar a reforma de nossa casa? Quero voltar para lá, sinto falta das minhas amigas e vizinhos, que não querem vir aqui me visitar, com medo da alma penada' – falou a senhora.

Intensifiquei minha perseguição e os intrusos se mudaram; fiquei aliviado e eles também. Fiquei sozinho de novo, só Olegário vinha duas vezes por semana. Era bom, deixava tudo limpo e a casa em ordem.

Agora, essa família veio me incomodar! Primeiro veio o homem, Roberto, olhou tudo e dias depois voltou com a mudança. Percebi logo que o menino, Henrique, tem 'aquela força' de que eu preciso e planejo expulsá-los. Só que agora fiquei com dó da Carequinha, tão jovem e tão sofrida. Nem teve raiva do namorado que não a quis pela doença. Ajudou outros, quis morrer no lugar daquela mãe para que não deixasse filhos pequenos. Fazia tempo que não via alguém tão bom assim, ou nunca tinha visto. Boa... Será que minha mãe foi boa? Queria pensar que sim, mas certamente não o era. Ela me abandonou, não me quis, pelo menos era isso que papai falava: 'Sua mãe é uma vadia, nos abandonou, foi embora com outro, aquela safada!' Ela nunca mais deu notícias. Quando garoto, sonhava com seu retorno, que ela voltaria

35

rica, de carro, me levaria com ela... Mas mesmo pobre eu a queria, ansiava por seus afagos, chamando-me de filho. Mas ela nunca voltou...

Morávamos com vovó, mãe de meu pai. Ele bebia muito, trabalhava pouco, a vida era difícil. Vovó só resmungava. Meu pai morreu num acidente, caiu na linha do trem; uns dizem que ele se suicidou, outros que caiu por estar bêbado. Fiquei só com vovó, que me tirou da escola e me pôs para trabalhar. Era mocinho quando ela morreu, fiquei sozinho no mundo, trabalhei em muitos lugares, até que vim ser caseiro aqui e fiquei para sempre."

capítulo 3

Apavorando Henrique

"Cansei de pensar, não tenho feito outra coisa nesta vida a não ser recordar."

Osvaldo levantou-se e foi até a cozinha. Observou Nena, a empregada, fazendo o almoço. Era esperta e trabalhadeira.

"Vou dar um susto nela!"

Esforçou-se para fazer cair a tampa das panelas que estavam em cima da pia. Nada. Foi até Henrique, que brincava com os cãezinhos, voltou rápido e pronto, derrubou as tampas.

Nena olhou de um lado para outro. Osvaldo riu, divertindo-se. Ela pegou as tampas e, sem que ele esperasse, falou autoritária:

– Sai de retro, satanás! Por Deus, não me tente! Creio em Deus Pai...

Fez o sinal da cruz e orou o Credo, uma oração católica.

"Eu, hein! Credo, cruz! Que mulher! Não precisa me enxotar assim... – Osvaldo saiu da cozinha resmungando. –

Não devo mexer com serviçal. Se ela for embora, arrumarão outra e a família ficará. É uma empregada como eu fui. Preciso pensar num bom plano, colocarei essa família para correr. É só ter paciência e me organizar direito. Se eu conseguir apavorar um deles, unidos como são, irão se mudar."

Ouviu-se barulho de carro, era Roberto que vinha almoçar e com ele estava Fabiana, que voltava da escola. Angélica e Henrique vieram correndo. Todos se sentaram à mesa. Osvaldo ficou a espiá-los de um canto da sala.

— Estou muito feliz em tê-la conosco, Angélica. Aqui irá recuperar-se melhor. Gostou do lugar? — Perguntou o pai.

— Sim, creio que sim, é bonito. Mas não é isolado?

— É perto da cidade, passa ônibus a cada meia hora na estrada. Logo fará amigos e poderá convidá-los para vir aqui — respondeu Roberto.

— Eu estou achando ótimo, trabalho sossegada, tenho espaço — expressou-se Dinéia.

— Pois eu não sei, estou achando a casa esquisita — falou Henrique.

— Não venha você de novo com a história de barulhos e risadas — disse Fabiana. — Para mim, aqui está ótimo, está me fazendo bem. Sabe, Angélica, não tenho tido mais aqueles sonhos ou pesadelos. E, desde que mudamos, parei a terapia e as sessões com a psicóloga. Vocês sabem como eu sofria com aqueles sonhos, tinha pavor de dormir e tê-los. E eles se repetiam desde que eu era pequena. Sabem o que é mais estranho? A casa com que sonho parece com esta. Verdade! Com algumas modificações, poderia dizer que o lugar é este.

— Modificações? Como? — Perguntou Angélica.

— Não sei bem, meus sonhos são confusos, me dão medo, pavor mesmo, não gosto deles. Sonho com uma casa grande, às vezes desço uma escada como a que tem aqui, mas com tapetes vermelhos. Vejo uma porta entreaberta, não sei o que vejo lá dentro, mas é algo que me apavora e aí corro. Alguém malvado corre atrás de mim, passo por um caminho estreito, perigoso, à beira de um precipício. Olho para trás e vejo uma pessoa que eu sei que é má quase me pegando, tento correr mais, tenho dor no pé, caio no buraco e acordo aflita. Às vezes desperto com meu próprio grito; outras, coberta de suor. Em outros sonhos, chamo a mãe, só que a mamãe é outra pessoa, ela não pode me acudir, estou sozinha com o malvado, tenho de fugir, corro e estou de novo à beira do precipício, do buraco que tanto medo me dá, e caio. Só que a casa tem heras na parede e muitas pedras no buraco, e eu sou uma menina pequena e lourinha. Sinto, ao correr, o movimento dos meus cabelos cacheados. Que Deus me dê a graça de não sonhar mais com isso, de não ter mais esses pesadelos.

— Escutamos muitas explicações: que Fabiana viu essas cenas num filme, que escutou uma história que a impressionou. O fato é que muitas vezes acordou gritando e chorando — falou a mãe.

— Virgílio me disse que poderia ser lembrança de outra vida. Ele é espírita e acredita em reencarnação — comentou Roberto.

Osvaldo se encolheu todo num canto e balbuciou:

"Lembranças de outra vida! Pode ser! Só pode ser! Se morremos mas continuamos vivos, é bem provável que nosso espírito nasça de novo em outro corpo. Por isso que essa Fabiana me impressionou. Sinto que a conheço; embora seja diferente fisicamente de Fatinha, parece com ela, ou pode ser ela! Se não for isso, como se explica esta aí sonhar com algo que aconteceu bem antes de ela nascer? Meu Deus! Que coisa! Com essa mocinha também não irei mexer, assombrar. E se ela for Fatinha? É melhor eu ficar longe dessa garota!"

Naquele dia, Osvaldo não teve ânimo para mais nada. Achava mais fácil assustar mulheres, pois as achava mais escandalosas, mas com as daquela família parecia mais complicado. Tinha dó da Carequinha, a serviçal apelava, a dona da casa era distraída demais, para tudo tinha uma explicação, quando conseguia, após muito esforço, acender uma luz, ela nem notava e até achava que tinha sido ela própria; se apagava, estava a lâmpada com defeito; se fazia barulho, dava explicação; quando notava ou ouvia movimento de madeira ou animais correndo, eram os bichos fora de casa, na mata; as risadas, era alguém da família. Com a Fabiana era impossível; agora, ao olhá-la, parecia que via Fatinha e isso lhe causava mal-estar. Restaram o dono da casa e o moleque. Ficou uns três dias quieto, planejando, e concluiu que teria de atormentar, assustar os dois homens da família se quisesse ficar livre dela. Achando que dera "folga demais", resolveu agir e foi até eles, que estavam almoçando.

Roberto pediu a Angélica:

— Filha, você não faria um favor para mim? Tenho de levar alguns papéis na imobiliária e não tenho tempo. Venha comigo para a cidade e aproveite para conhecê-la, depois volte de ônibus, que ele pára na estrada em frente ao caminho de nossa casa.

Angélica entendeu que o pai queria que ela saísse, que passeasse, e resolveu ir. Arrumou-se.

"Com peruca fica melhor, coitada da Carequinha!" — Comentou Osvaldo.

— Não sei por que, papai, parece que alguém tem dó de mim e me chama de Carequinha – comentou Angélica.

— Quem faria isso? Filha, não se impressione. Você não é careca, está sem cabelos temporariamente. Logo eles crescerão lindos como sempre foram.

Angélica entrou no carro com o pai, observou que havia próxima da casa uma estrada que atravessava o morro, um caminho de cascalho de uns duzentos metros. Esse caminho fora aterrado porque havia declives dos dois lados.

"Antes — pensou a mocinha — devia ser uma rocha extensa como um ponto isolado apontando para o céu. Incrível como alguém teve a ideia de construir uma casa aqui."

Ela olhou para trás, observou a casa, parecia uma pintura.

"Se não fosse a parte direita ter tantas árvores, essa casa pareceria construída num pico de pedra, e não é por acaso que se chama Casa do Penhasco!"

Entrando na estrada, não se avistava mais a casa. Seu pai seguiu para a cidade. A estrada era uma via vicinal, cheia de curvas, com muitas árvores e pedras; somente em poucos lugares se via o mar, lindo e majestoso.

Angélica gostou da cidade, era pequena, com muitas lojas, arborizada e com pessoas bronzeadas.

— Na época de temporada isso aqui fica movimentado — comentou o pai. — Vou deixá-la aqui. Vá à imobiliária e resolva essa questão para mim. Procure pelo Fábio.

A garota desceu, andou pelas ruas olhando as vitrines e foi logo à imobiliária.

— Por favor, o senhor Fábio!

E logo veio atendê-la um moço que a olhou interessado. Angélica não pôde deixar de observá-lo; era moreno, olhos esverdeados, cabelos bem curtos e um sorriso franco e cativante. Por minutos trataram de documentos.

— Estão gostando da casa? — Perguntou ele.
— Sim, estamos. Ela é confortável e o lugar é muito bonito — respondeu Angélica.
— Ainda bem — falou Fábio, sorrindo.
— Por quê? — Perguntou ela.
— Por nada. Está calor, aceita tomar um sorvete?

A mocinha não soube o que responder, não o conhecia, mas não conhecia ninguém ali. Achando que não tinha nada de mais, respondeu:

— Aceito!

Saíram da imobiliária, andaram poucos metros e entraram na sorveteria. Logo, vieram atendê-los.

— Muito bem! Aqui se é bem atendido — falou ela.
— Claro, sou o dono! — Exclamou ele sorrindo.

Conversaram saboreando devagar o sorvete e logo já sabiam o que lhes interessava: eram solteiros, não tinham compromisso.

— Como vai voltar para casa? — Perguntou Fábio.
— De ônibus — respondeu Angélica.
— Permite que eu lhe dê uma carona? Tenho de ir à praia do outro lado do morro.

Angélica aceitou, e quando chegaram, Henrique foi cumprimentá-lo e ficaram conversando sobre o lugar, as belezas da região.

— Vocês conhecem a gruta do morro? Não! Pois precisam ir lá! Vamos combinar um passeio, levo vocês até a gruta — falou Fábio, entusiasmado.

"Xi, esse aí está interessado na Carequinha. Mas se ele estiver mal-intencionado, que não se aproxime dela. Resolvi defendê-la! — disse Osvaldo, observando bem Fábio.
— O cara parece ser boa pessoa. Bem, ele que não se meta a engraçadinho."

A CASA DO PENHASCO

O moço foi embora e os irmãos entraram. Osvaldo pensou, satisfeito, que seu plano estava dando certo. Que a presença do menino, do Henrique, com a força que tirava dele, conseguia fazer barulho e mexer objetos. E dias passaram e Osvaldo conseguia assombrar os dois, Roberto e Henrique. Assustava o mocinho e causava arrepios no pai, divertindo-se com isso. Henrique começou a ficar impressionado.

— Pai, aqui é lindo, gosto da escola, já fiz amigos, mas não estou gostando da casa. Não poderíamos mudar? — Queixou-se o garoto.

— Filho, você está impressionado pelos boatos de que esta casa é assombrada. Todos gostam daqui, o aluguel está bom, você pode ter até cachorros, estamos acomodados. Depois, se nos mudarmos, a multa é alta.

— Pai, não é impressão, não me sinto bem aqui; tenho uma sensação de solidão que dói. Depois escuto risadas e fico apavorado. Se o senhor não quer se mudar, deixe então que eu vá para a casa da vovó. Não acredita em mim? Tenho ouvido coisas estranhas...

— Acredito em você, sei que não mente. Vamos ter um pouco mais de paciência, isso deve ter explicação.

Roberto não quis dizer ao filho que também estava impressionado com aquela casa, que ouvia as risadas que o apavoravam. Tentava achar explicação para os barulhos que escutava. Já achava que alugar aquela casa não tinha sido um bom negócio.

Passados uns dias, Henrique foi abrir a janela da sala. Ela estava difícil, dura. Quando a puxou com força, Osvaldo a empurrou e a janela abriu, batendo nos lábios do mocinho, cortando-os. No vidro da janela, Henrique viu por segundos o rosto de Osvaldo. Apavorou-se tanto que não conseguiu nem falar, ficou parado. Depois tentou ver, mexendo na janela, se a imagem que vira era reflexo de algum quadro, mas nada, não havia explicação. Tremendo ainda, foi atrás de Nena para que ela fizesse um curativo.

– Henrique, precisa ter cuidado! Machucou, poderia ter quebrado os dentes.

– Nena, você já teve a sensação de ver uma pessoa onde não tem ninguém?

– Nunca tinha sentido, mas aqui já. Por vezes sinto como se alguém estivesse espionando. É uma sensação ruim.

Henrique ficou horas pensativo.

※ ※ ※

Fábio queria ver Angélica, ficou interessado, atraído por ela. Tirou cópia de um documento já entregue e foi lá levá-lo. Conversou com os jovens e os convidou para ir no domingo à gruta. Henrique aceitou, contente.

No domingo à tarde foram ao passeio. O lugar era muito bonito; de uma rocha mais alta se avistava o mar batendo nas pedras.

– Como aqui é bonito! – Exclamou Fabiana.

Ela e Henrique foram para o outro lado, e Fábio sentou-se perto de Angélica. Ela arrumou o lenço na cabeça. Como ele estava caindo, tirou-o; seus cabelos estavam nascendo, estavam bem curtinhos.

– Angélica, você é muito bonita! – Disse Fábio, sincero.

– Mesmo com os cabelos curtos assim?

– Sim – ele sorriu e pegou na mão dela.

– Fábio, meus cabelos estão assim pelo tratamento de quimioterapia, estou sarando de um câncer – falou a mocinha, retirando a mão da dele.

A CASA DO PENHASCO

Ela olhou para ele, que pareceu indiferente, como se não tivesse escutado. Nisso os dois irmãos chegaram e o passeio decorreu agradável.

Em casa, Fabiana comentou:

— Fábio está interessado em você. Vai namorá-lo?

— Não quero namorado! – Exclamou Angélica.

— Só porque César agiu daquele modo, você pensa que outros irão fazer igual? – Falou Fabiana.

— Não penso mais no César, nem acho que agiu errado, pois é muito novo para ficar namorando alguém doente. Só vou namorar de novo quando tiver certeza de que estou curada.

— Mas você está! – Afirmou Fabiana.

— Ai, ai, não aguento mais! – Gritou Henrique.

O irmão subiu correndo a escada. As duas irmãs, que estavam no quarto de Angélica, foram ao encontro dele.

— O que aconteceu, Henrique? – Indagaram as duas ao mesmo tempo.

— Estava quieto na sala quando recebi um tapa com força nas costas.

— Quem bateu em você? – Perguntou Angélica.

— Não sei! Só que bateram...

Ele levantou a camisa e as duas se espantaram; havia nas costas dele uma marca avermelhada de uma mão grande.

— Henrique, pare com isso! – Exclamou Fabiana. – Não invente! Você quer mudar e está usando os boatos para isso.

— Que boatos? – Perguntou Angélica.

— Que esta casa é assombrada – respondeu Fabiana.

— Mas por que quer mudar, Henrique? – Indagou a irmã mais velha.

— Gostava daqui. Não queria que nos mudássemos da cidade, gosto dela, da escola, dos amigos, só que é verdade.

45

Angélica, acredite em mim, tenho sido atormentado por uma coisa que não sei o que é. Estou com medo!

Roberto e Dinéia, que estavam no quarto deles, vieram ver o que acontecia.

— Papai, não durmo no meu quarto! — Falou o mocinho, determinado e apavorado.

— Vou colocar um colchão no nosso quarto, você dormirá conosco.

E o pai foi no quarto do filho, pegou o colchão e colocou ao lado da cama do casal.

— Pronto, filho, dormirá aqui até que não tenha mais medo.

As três acharam estranha a atitude de Roberto, ele que sempre ensinara a não ter medo, a não alimentar esse sentimento e enfrentá-lo para vencer, agora não falava nada, concordava com o filho. Mas elas nada comentaram.

"Logo estarão mudando!" — Osvaldo vangloriou-se e riu.

Henrique acomodou-se e ficou a pensar:

"Meu Deus, será que estou louco? Devo estar doente. Deve ser grave. Será que imagino isso tudo? O que será que eu tenho?"

Ao ver que os pais ressonavam, chorou. Seu choro foi sentido; lágrimas escorreram abundantes pelo seu rosto.

"Prefiro achar que existe mesmo esse fantasma e que ele, por algum motivo, esteja fazendo objetos se mexerem e que eu ouça suas risadas macabras. E se for assombração, por que eu? Por que ele implicou comigo? Não tenho nada com ele. Não posso continuar assim. Já sou grande para ter medo a ponto de não dormir sozinho. Eu, o homem da casa! As meninas estão lá dormindo cada uma no seu quarto e eu aqui, com meus pais. Tenho vergonha, mas meu medo é maior. No meu quarto, a luz acende, apaga, portas do armário se fecham e se abrem. Já senti puxar meu lençol. Não durmo mais sozinho. Queria mudar desta casa, ir embora daqui. Mas se mudarmos e não adiantar? Se estou doente, o problema é comigo! Ele irá para onde eu for. Preciso pensar. Além do mais, todos estão acomodados, gostando, não é justo que se mudem por minha causa, porque eu quero. Fabiana já acha que eu invento tudo isso. Ainda bem que papai acredita em mim. Depois, existe a multa, eles não têm dinheiro para pagá-la. Estou sendo um problema para todos. Tenho de dar um jeito!"

Acabou adormecendo. Acordou cedo para ir à escola e no intervalo foi à biblioteca e se pôs a pesquisar sobre doenças mentais; identificou em seu caso semelhanças com esquizofrenia[2].

"Isso é grave! Será que tenho essa enfermidade? Não quero ter isso. Será que imagino tudo, objetos não mexem nada, luz não apaga nem acende e eu acho que vejo? Que doença estranha e como faz o doente sofrer!"

Teve vontade de chorar, mas se esforçou para parecer natural e voltou para a classe.

Pensou muito e resolveu evitar falar, pensar sobre doenças e achar mesmo que era um fantasma e queixar-se o menos possível; não queria ser internado como louco.

Henrique já estava se afastando das pessoas; os amigos se reuniam, conversavam e ele preferia escutar, só dava alguns palpites. Também não conseguia prestar atenção nas aulas. Estava tenso e nervoso.

---

2 – Esquizofrenia: termo que engloba várias formas clínicas de psicopatia e distúrbios mentais. Sua característica fundamental é a dissociação das funções psíquicas, disso decorrendo a fragmentação da personalidade e perda de contato com a realidade (N.E.).

No outro dia, Roberto conversou cedo com Olegário, que continuava a vir duas vezes por semana para cuidar do jardim.

– Senhor Olegário, trabalha há muito tempo nesta casa?

– Sim, senhor, trabalho há anos.

– Nunca ouviu ou viu nada de estranho? – Indagou Roberto.

– O senhor quer dizer assombração? Não, senhor, nunca vi ou ouvi nada de estranho – respondeu o jardineiro.

– Você sabe o que ocorreu aqui? Lá no banco o pessoal já me avisou que esta casa é assombrada e que ninguém morava aqui há muito tempo.

– Se é assombrada eu não sei – respondeu Olegário –, mas desde que ocorreu o crime, isso há muito tempo, ninguém mora aqui por muito tempo.

– O crime? O que sabe sobre isso? – Perguntou Roberto.

– Não sei bem o que aconteceu, mas sei quem sabe. A Rita, que foi empregada da casa na época do crime. Ela era mocinha quando tudo aconteceu; agora já é uma senhora, mora lá do outro lado. Se o senhor quiser, lhe dou o endereço.

Roberto anotou o nome da empregada, onde morava e decidiu ir até lá, queria saber o que ocorrera na casa.

Henrique, à tarde, conversou com Nena.

– Você acredita em mim? Vejo a assombração. Bem, não sei o que é realmente.

– Menino, não sei se acredito em alma penada – falou a empregada.

– Seria engraçado se o fantasma tivesse pena como as galinhas – disse o garoto, rindo.

Osvaldo não achou graça.

"Quem tem pena é sua avó!"

– Quem tem pena é a avó!

Henrique falou, parou e olhou para Nena, que também largou o que fazia e olhou assustada para ele.

– Por que disse isso, Henrique?

– Não sei, falei sem perceber. Que estranho!

"Há, há, há! O moleque repete o que eu digo. Maravilha! Agora estou no caminho certo, esse garoto irá fazer a família se mudar, ah, se vai!"

Henrique foi brincar com os cachorros e Nena continuou seu trabalho, pensativa.

"Esse menino não está normal. O que será que ele tem? Está estranho!"

O mocinho estava triste, pegou os cãezinhos, acariciou-os, depois os colocou no cercado. Um deles correu para um lado, então Henrique escutou um barulho e um ruído esquisito. Quis correr, mas resolveu investigar.

"Preciso ter coragem, parar com isso, de ter tanto medo, e ver o porquê do barulho."

Percebeu então que um dos cães chorava; uma tábua caíra em cima dele. O garoto suspirou aliviado, tirou a tábua e agradou o filhote.

"Quando estamos com medo, gato vira onça."

Ficou por um tempo arrumando o canil, brincando com os cachorros; distraiu-se e, mais aliviado, pensou:

"Creio que devo enfrentar o medo e verificar a procedência dos barulhos que escuto. Talvez ache explicação para tudo isso. Bem, pelo menos nem tudo é inexplicável."

Roberto estava inquieto; em casa parecia que estava sempre vendo vultos, parecia ouvir risadas, como também tinha visto objetos se mexerem. Aquela casa deveria ter algo e resolveu procurar a dona Rita, que Olegário recomendara, para saber o que de fato acontecera ali.

Foi à tarde, achou fácil a casa, e foi recebido por uma senhora que o olhou fixamente. Por momentos ele não soube o que dizer, tossiu e por fim falou:

— Senhora, desculpe-me se a incomodo, é que moro na Casa do Penhasco e estou tendo algumas dificuldades lá. Sei que a casa tem uma história e que a senhora talvez possa me ajudar contando sobre o que ocorreu.

Dona Rita olhou-o novamente, ficou quieta por segundos e depois disse:

— Quem não tem história? Não sei se posso ajudá-lo, mas posso falar o que sei. Era moça e trabalhava para o casal, o senhor Irineu e a dona Leda, eles moravam naquela casa. Trabalhava lá também Osvaldo, que era caseiro e jardineiro. Quanto ao crime, ninguém sabe o que ocorreu realmente naqueles dois dias trágicos. Desculpe-me, mas nem eu sei, só posso falar o que ouvi. Trabalhei no sábado pela manhã e quando voltei, na segunda-feira, encontrei-os mortos. Fátima, a garotinha de cinco anos, caiu do penhasco, no buraco do lado direito da casa, onde agora tem as árvores; lá foi aterrado. Ela estava lá caída, morta, a pobrezinha. Na sala da frente, os três mortos, o casal e o empregado. Foi muito triste! Gostava muito deles, dona Leda era muito boa comigo. Os comentários foram diversos, cogitou-se que alguém estranho entrou lá e assassinou todos, mas a polícia afirmou que dona Leda e a menina morreram no sábado, e os dois homens no domingo, e tudo indicava que o senhor Irineu se matou. O pai do meu patrão veio enterrar os três juntos. Osvaldo foi sepultado como indigente. Tiraram todos os móveis da casa e a trancaram. Ouvi dizer que a casa ficou para o irmão do senhor Irineu. Ele até tentou alugar, reformou, mas todos têm medo. E isso aconteceu há tanto tempo!

— Dona Rita, existia trepadeira na casa, uma planta que cobre as paredes de fora da casa? — Perguntou Roberto.

— Sim, senhor, a casa tinha nas paredes heras verdes e estavam sempre podadas e bonitas — respondeu dona Rita, saudosa.

— A senhora acha que a casa ficou assombrada?

— Que tem assombrações? Bem, não sei, nunca mais fui lá, só escutei comentários, mas em cidade pequena fala-se muito. Mas lá aconteceu esse fato tão triste, talvez um dos mortos não tenha encontrado paz e esteja lá perturbando — respondeu dona Rita.

— Encontrar paz? Como se faz para ajudá-los a ter paz? — Indagou Roberto.

— Quem sabe? Talvez aquela religião que conversa com eles, os espíritas.

— Sim. Obrigado, senhora.

— Espero que resolva esse problema. Se ele ou alguns deles estiverem vagando na casa, já é tempo de terem sossego — disse dona Rita.

Roberto foi embora e então se lembrou do seu amigo Virgílio.

capítulo 4

Acontecimentos desagradáveis

Quando Roberto chegou em casa, à tarde, encontrou Fábio conversando com a família. Após os cumprimentos, ele falou ao dono da casa:

— Senhor Roberto, vim aqui para ver se quer colocar telefone em sua casa. A linha passará na frente, se quiser é só puxar os fios e poderá ter telefone.

— Aceite, papai, será tão bom! – Pediu Fabiana.

— Não sei, vou pensar.

Roberto não queria assumir compromisso, talvez tivessem de se mudar. Era hora do jantar e a visita foi convidada e aceitou. Fábio olhava muito para Angélica, que se sentia incomodada. Depois foram para a sala, conversar. Ao se despedir, Fábio pediu:

— Angélica, você me acompanha?

Ela foi, estava inquieta. Ele falou:

— Angélica, não sei mais que desculpa dar para vir aqui vê-la. Deve ter percebido que estou interessado em você. Tenho chance?

— É que... — Angélica encabulou-se.

— Já entendi, desculpe-me.

— Fábio, não é isso, é que estive doente, talvez nem tenha sarado e...

— Já disse, esteve doente, não está mais — falou ele.

— Como pode ter certeza? — Balbuciou ela.

— Eu sinto que está curada e a doença não é desculpa para mim.

— Tive câncer no útero, que foi extraído — falou Angélica, baixinho.

— Por que diz isso para mim? — Indagou o moço.

Angélica entendeu, ele só estava pedindo para namorá-la, e não para se casarem. — Então, sorriu. Ele pegou na mão dela e a beijou.

— Estamos namorando?

— Estamos!

Quando entrou na sala, todos a olharam por causa da demora e por ela estar tão contente.

— O que aconteceu, Angélica? — Perguntou Fabiana.

— É que Fábio e eu estamos namorando.

— Legal, gosto dele! — Exclamou Fabiana.

— Eu também, e ele parece apaixonado por você. É só observar a cara dele de bobo enamorado — comentou Henrique.

Todos riram, até Osvaldo ficou satisfeito ao ver a mocinha contente.

— Disse a ele sobre minha doença — falou Angélica.

— De sua ex-doença — corrigiu a mãe. — Mas, filha, por que fez isso?

Haviam combinado que lá não iam comentar com ninguém sobre a doença, para evitar comentários, que já

53

a fizeram sofrer: "Será que irá sarar?"; "É tão nova!"; "Não poderá ter filhos!"; "O cabelo crescerá!" etc.

— Senti vontade de contar tudo ao Fábio — disse a mocinha, suspirando.

— Espero que ele não conte a ninguém — expressou Dinéia.

Foram dormir e Osvaldo ficou na sala, murmurando: "Hoje não assusto ninguém, estou emocionado com a alegria da Carequinha".

No outro dia, Henrique ia subir a escada quando colocou a mão no corrimão e sentiu como se tivesse colocado a mão em outra muito gelada, grande e peluda; arrepiou-se, tirou a mão, teve vontade de gritar, mas só gemeu. Assustou-se, ficou parado por segundos e em seguida subiu a escada correndo, sem colocar a mão novamente no corrimão. Fabiana estava no seu quarto. Henrique, não querendo ficar sozinho, foi para o quarto dela.

— Oi, Fabiana, o que está fazendo?

— Arrumando o quarto — respondeu, sem prestar atenção nele.

— Fabiana, como você está na escola? Já se acostumou mesmo?

— No começo, senti falta de minhas amigas, mas agora me acostumei, as meninas são bem legais. E tem o Leco, que é o máximo.

Henrique teve de ouvir a irmã falar do Leonardo, o Leco, por quem estava interessada, tudo era preferível a ficar sozinho. Só de pensar naquela mão, arrepiava-se. Ficou lá com a irmã até serem chamados para o jantar. Depois, todos foram dormir, e Roberto pegou o jornal para ler. Ficou pensando: "Tenho de tomar uma atitude, não gostaria de mudar desta casa e ter de falar a todos que ficamos com medo dos fenômenos estranhos que aqui ocorrem. Estou com dó do meu filho, o coitado está apavorado. Ser pai não é fácil, ter de tomar decisões da família parece às vezes complicado. O fato é que eu também tenho me sentido mal nesta casa. Às vezes me sinto exausto, como se alguém absorvesse minha energia. Outras, sinto tristeza, como se estivesse sozinho; engraçado isso, eu, sozinho! A sensação de não ser amado é tão forte que dói; outras vezes sinto dor no peito, como a que Henrique diz sentir. As risadas são aterrorizadoras. Já pensei muito e concluo que não é impressão. Li há tempos que existe a possibilidade de ler na energia que envolve objetos ou lugares os acontecimentos marcantes ocorridos com ou neles. Parece que se chama psicometria[3]... isso mesmo. Mas se aqui aconteceu um crime, não é isso que vemos ou ouvimos. Então não deve ser isso. Henrique tem medo de estar doente, não creio, vejo e ouço também. Mas se falar isso, vou apavorar todos. Acho que pelo bem da família devemos nos mudar, tentar negociar a multa do contrato; afinal, não aluguei casa com fantasmas. Se meus amigos souberem disso, irão rir, parecerei um menino com medo. Se pelo menos tivesse certeza de que esse fenômeno não nos prejudica. Prejudicando? Claro que está! Meu filho está apavorado e isso começa a me preocupar. Pensei que aqui iríamos ter o sossego tão almejado. Sofremos tanto com a doença de Angélica, gastei muito, fiz dívidas, comprei os móveis a prestação e estou pagando o empréstimo. E aqui Dinéia está ganhando bem. O que fazer?".

---

3 – Psicometria: mediunidade segundo a qual o médium, posto em contato com objetos, pessoas ou lugares relacionados com acontecimentos passados, sintoniza-se de tal maneira com o clima psicológico em que esses acontecimentos ocorreram que se torna capaz de descrevê-los (N.E.).

De repente, Roberto pareceu ver a caixa de charutos se mover. Ele não fumava, havia ganhado aquela caixa de um cliente e a deixou em cima da mesinha.

"Fume! Fume! Quero desfrutar do fumo, faz tempo que não trago!" – Insistiu Osvaldo.

Roberto pegou a caixa, teve vontade de acender um charuto, mas se conteve.

"Não fumo e não é agora que o farei. Que vontade estranha!"

Apreensivo, foi dormir sem acabar de ler o jornal.

Na escola, os amigos de Henrique insistiram com ele para serem convidados a visitar sua casa.

– Gostaríamos de ir lá, nunca fomos.

– Prometemos não bagunçar. Fala-se tanto dessa casa que estamos curiosos. Então, podemos ir?

– Henrique, ela é assombrada ou não? É verdade que a alma penada do criminoso está lá? Ele matou uma menina bem pequena.

– Não tem nada, é uma casa como outra qualquer – respondeu Henrique.

– Se não tem nada a esconder, convide-nos.

– Está bem, espero vocês hoje à tarde. Podem ir de ônibus, ele pára na estrada – concordou Henrique.

Os meninos se entusiasmaram e Henrique ficou preocupado. Voltou para casa pensativo.

"E se o fantasma assustar meus amigos? Como explicar? Bem, posso dar algumas explicações. Se ouvirem risadas, digo que é uma gravação que fiz para assustá-los, se virem objetos se mexerem, falo que amarrei com linha e puxei. Posso falar que fiz para animar. É isso mesmo!"

Mas ficou apreensivo. No almoço, falou a todos que os amigos vinham. Dinéia pediu à empregada:

— Nena, faça um lanche para eles. Que sejam bem-vindos; gosto da casa cheia, podem passear por aí com eles.

Vieram doze; estavam curiosos, observaram tudo com atenção: foram ao pomar, comeram frutas, brincaram com os cachorros, riram e conversaram, animados. Henrique ficou tenso o tempo todo, tentando parecer normal. Nena serviu um lanche saboroso; os garotos gostaram.

— Puxa, Henrique, que casa gostosa! Lugar bonito! Vocês estão bem acomodados aqui. Que sorte!

— Parece tudo tão normal! A história da assombração é falatório de cidade pequena.

— Queria morar aqui!

Henrique sorriu ao escutar os amigos, e suspirou aliviado. Quando foram embora, pensou: "Ainda bem que o fantasma não os assombrou".

Osvaldo ficou olhando tudo aborrecido e quieto. "Não me importo com essa molecada, eles não moram aqui. Não sou palhaço para dar espetáculo. Quero assombrar os da casa. Ainda bem que esses pestinhas foram embora. Como são alegres!"

Naquela semana, como todo primeiro domingo do mês, era o dia da visita que Nena fazia ao irmão, que estava preso. Osvaldo ficou na cozinha observando-a, e quando ela se pôs a pensar ele ficou escutando.

"Antonio logo será solto. Já sofremos tanto separados, é justo que fiquemos juntos. Como iremos fazer? Será que terei de ir embora daqui? Já não sou tão nova para arrumar outro emprego, depois de todos esses anos. Tenho-os como minha família, faz onze anos que trabalho para eles. Como me aventurar por aí sem emprego? Sei que para ele será mais difícil, ninguém quer dar emprego para ex-presidiário. E eu quero tanto ficar com o Antonio. Como dizer aos meus patrões que menti esse tempo todo? No começo, achei, quando vim trabalhar para eles, que seria mais um emprego, e para que me aceitassem menti, dizendo que Antonio era meu irmão, como também inventei o motivo de ele estar preso. Se não fizesse isso, naquela época, ninguém me daria emprego. Eles acreditaram e não checaram se era verdade, e o tempo foi passando, eu fui gostando deles cada vez mais. Eram, são minha família, porque a minha mesmo nem conheci, pois meus pais me abandonaram. Fui bem pequena para uma instituição. Quando saí, me arrumaram emprego de doméstica, mas lá um dos moços, filho dos meus patrões, tentou estuprar-me. Tive de sair e foi nesse momento difícil que conheci Antonio e nos apaixonamos. Aí aconteceu aquela desgraça, fugi com ele, até que foi preso e já está há treze anos na prisão. Ainda bem que ele logo será beneficiado com a liberdade condicional. Já estivemos muito tempo separados, agora quero ficar com ele. Mas como? Quero tanto continuar aqui, com esta família. Como farei para me desmentir? Será que vão continuar confiando em mim? Meu Deus! O que faço? É tão difícil contar a verdade!"

"Mas que empregada mentirosa! – Exclamou Osvaldo. – Enganou a todos, diz que é o irmão que visita, mas é o amante! Isso não fica assim!"

No domingo, cedinho, Roberto levou Nena até a rodoviária. Ela foi cheia de sacolas com roupas, doces, bolo etc. Osvaldo ficou olhando, quis ir junto para ver o que a empregada ia fazer, mas não conseguiu sair. O máximo que ia era até o caminho.

"Que maldição! Queria tanto ir com ela. Nena vai visitar um preso, queria ver como é uma prisão. Antonio está preso como eu, só que ele recebe visita e eu não!"

Dias se passaram e Osvaldo estava impaciente; não era sempre que conseguia fazer barulho, assustar os dois. Tentava e, quando dava certo, divertia-se. Queria que eles se mudassem para ficar só naquela casa, sua prisão, embora às vezes achasse que não era tão ruim assim ter companhia.

Estavam todos almoçando, Nena tomava as refeições com eles, era tratada como um membro da família, quando Roberto tirou do bolso uma carta. Como a correspondência demorava para ser entregue; ali o correio passava uma vez por semana, ia então para o endereço do banco.

– Chegou uma carta para você, Nena, é do seu irmão.

"É agora que desmascaro esta mentirosa!" – Afirmou Osvaldo. Aproximou-se de Henrique, que falou o que ele queria.

– Deixe-me ver! Engraçado, Nena, seu irmão não tem o mesmo sobrenome seu! Por que isso? Você pode nos explicar? Será que não é seu namorado? Pelo seu jeito, é! Você mentiu! Este Antonio é seu namorado!

Nena viu sua mentira descoberta, levantou-se e pegou tremendo a carta.

– É verdade isso, Nena? – Perguntou Dinéia.

Nena fez silêncio por segundos, e então começou a chorar.

– É verdade! Antonio é como se fosse meu marido – falou Nena, saindo da sala.

– Eu sinto muito... – balbuciou Henrique, começando a chorar, e saiu também.

O pai foi atrás, a mãe o acompanhou, o almoço terminou. O garoto sentou-se no sofá e chorou sentido, Roberto abraçou-o.

– Papai, não aguento mais isso! Nunca ia ofender Nena, gosto dela. Fui indelicado, grosso, a fiz chorar. Estou sendo sincero, não sei por que falei. Não sabia nada daquilo. E isso está ocorrendo, falo coisas que não quero, vem forte, parece que estou impulsionado e falo.

Fez silêncio, até que Dinéia falou:

— Que coisa! Primeiro foi com Fabiana, os pesadelos, o tratamento; depois a doença de Angélica, agora você. Devemos levá-lo a um psicólogo ou psiquiatra!

— Leve-me aonde quiser, eu topo! Faço qualquer coisa para ficar livre disso. Por Deus, papai, vamos mudar! É vergonhoso eu dormir no quarto de vocês, estou cansado, nervoso, é só chegar em casa sinto como se tivesse dois buracos no peito, escuto barulho, vejo objetos mexer. Eu estou sofrendo!

— Meu filho, entendo você. Vamos ajudá-lo — consolou-o Roberto.

Henrique saiu, foi para seu quarto triste e aborrecido. Osvaldo resmungou:

"Será que exagerei? Estou com dó do garoto; depois, a empregada está se desmanchando em lágrimas."

— Roberto, Henrique está me preocupando. Será que é a adolescência? — Indagou Dinéia.

— Não creio, Henrique sempre foi um bom menino. Dinéia, eu também tenho visto e escutado coisas estranhas nesta casa e, como ele, não tenho me sentido bem aqui.

— Por que não me disse? — Perguntou a esposa, preocupada.

— Para não te assustar. Que você acha de pedir ajuda ao Virgílio? Ele é espírita, ajudou-nos com a doença de Angélica.

— Ele orou por ela, visitava-nos sempre nos animando, mas agora é diferente. Vou falar com o padre da cidade. Espere, Roberto, deixe primeiro eu pedir ajuda ao pároco. Vou hoje mesmo.

Roberto concordou. Dinéia foi trocar de roupa para ir à cidade junto com o marido. Ele ficou pensando no amigo. Conhecia Virgílio desde criança, cresceram juntos, moravam perto, gostavam um do outro, frequentaram a mesma escola, ele era leal e bondoso. Quando moço passou a frequentar o centro espírita, tornou-se religioso. Roberto não gostava de falar sobre o assunto e o amigo não insistia, mas sabia que ele via pessoas que morreram, conversava com elas e, segundo ele, o Espiritismo o ajudou muito. Virgílio era tranquilo, eu confiava nele.

Dinéia foi à igreja, observou tudo; era simples, pequena e muito bonita. Lugares de oração sempre lhe davam calma; ajoelhou-se e orou; sentiu-se melhor. Viu uma senhora arrumando o altar, foi até ela e pediu para falar com o padre. Esperou meia hora. A mesma senhora a convidou:

— Por aqui, o padre irá recebê-la.

Após os cumprimentos, Dinéia foi logo ao assunto.

— Senhor, sou católica, moro na Casa do Penhasco, lá no morro, e estamos passando por dificuldades. Meu filho e meu esposo têm visto e ouvido coisas estranhas por lá, o menino está apavorado. Gostaria que o senhor fosse lá benzer, sei lá, exorcizar a casa. O senhor irá, não é? Porque, se não for, meu esposo vai chamar um amigo dele que é espírita.

— Na Casa do Penhasco... Mas a senhora já mudou há um bom tempo e não veio à missa.

— É que tenho estado muito ocupada — justificou-se Dinéia.

— Senhora — falou o padre —, não sei se posso ajudá-la. Já estive lá a pedido de outra família. Não há nada de errado com a mansão, é impressão, talvez pelo tipo, pelo lugar em que está a casa ou pela tragédia que ocorreu lá.

– Então, o senhor não vai me ajudar? – Perguntou Dinéia, indignada.

– Acho que é melhor seu esposo chamar o amigo espírita. Afinal, o Espiritismo mexe com o demônio. Desculpe-me, senhora, estou muito ocupado, espero vê-los domingo na missa.

Dinéia deu um sorrisinho forçado, despediu-se e pensou: "Não quer nos ajudar e convida para a missa".

Outras pessoas aproximaram-se e ela se afastou, sentida. Voltou de ônibus para casa.

Nena não sabia como agir, fez seu serviço normalmente após ter chorado por muito tempo. Queria tanto contar a verdade! Imaginou muitas maneiras de fazê-lo e sentiu ter sido daquele jeito. Não entendia Henrique, era tão educado, amava os três como se fossem filhos dela, cuidava deles. Dinéia sempre trabalhou e as crianças ficavam por conta dela. Agora o menino Henrique estava mudado; desde que foram para aquela casa estava estranho, calado, quase nem brincava com os cachorros. Algo estava errado, pensou ela.

Ninguém tocou no assunto. Foi como se não tivessem descoberto, cada um estava envolvido em seus problemas, que eram muitos.

Angélica só pensava em Fábio. Estava muito entusiasmada com ele, o namorado tão atencioso, carinhoso. Quanto mais o conhecia, mais o achava inteligente, simples e, o mais importante, ele parecia também enamorado. Às vezes tinha a impressão de conhecê-lo há muito tempo, riam quando descobriam interesses em comum, gostavam das mesmas coisas. Ela já não era indiferente à morte como alguns meses atrás, queria sarar para estar sempre perto dele. Estava preocupada. "Será que sarei ou não?" – Indagava a si mesma.

Mesmo não querendo pensar na sua doença, fazia-o. Queria muito estar curada. A mocinha também estava preocupada com o irmão: queria todos bem, e Nena estava incluída nesse desejo, gostava dela.

Fabiana não queria dar palpite, achava que se o problema era aquela casa, deveriam mudar-se. Achava-a estranha; depois não gostava de pensar que ali houve um crime bárbaro. Quanto a Nena, entendia-a por ter mentido, fizera-o por medo de ser mandada embora. Não queria separar-se dela, que considerava uma segunda mãe.

Dinéia estava com uma encomenda grande, tinha de trabalhar e estava preocupada com o filho. Não sabia o que fazer, se o levava ou não para a casa de sua mãe. Mas, se o fizesse, ele perderia o ano letivo. Será que ele estava doente? Seria sério? Sofrera tanto com a doença de Angélica, ainda tinha medo de que o câncer surgisse em outro órgão. Nem bem passara a preocupação com um, vinha o outro.

Esperava resolver o problema com Nena; não sabia por que ela mentira. Algo muito sério deveria ter ocorrido para ela esconder a verdade esses anos todos. Não queria perdê-la, gostava dela, estava com eles havia tantos anos, sempre leal, trabalhadeira. Se ela fosse embora, teria mais um problema, ainda mais que a faxineira avisara que não vinha mais, era a terceira que desistia.

Mesmo preocupada, Dinéia concentrou-se no trabalho.

Roberto não pensou mais no assunto, achou que Nena poderia explicar. Tinha muito o que fazer e estava muito preocupado com Henrique.

Quando Roberto chegou para jantar, encontrou Henrique parado, de pé ao lado de uma janela; no sofá, livros abertos.

— Papai, amanhã tenho prova e não consigo estudar, acho que estou doente.

— Não, filho, você não está doente. Para tudo isso que está acontecendo, deve ter explicação. Reaja, não se deixe abater. Vamos confiar, tudo voltará ao normal.

O jantar foi servido e Nena não se sentou à mesa. Roberto indagou:

— Nena, por que não se senta conosco? Não quer jantar?

— É que... Não sei se devo — respondeu Nena, encabulada.

— Sente-se, por favor — insistiu Roberto.

Ela se sentou e Henrique falou:

— Desculpe-me, Nena, não quis ofendê-la. Não quis mesmo.

— Estamos com muitos problemas, que fique tudo como antes, depois resolveremos o seu, está bem, Nena? — Disse Dinéia.

Jantaram em silêncio. Logo após, vieram Fábio e os amigos de Fabiana. Conversaram animados na sala. Henrique ficou quieto, estava triste. Quando as visitas foram embora, as duas os levaram até os carros. Fábio indagou à namorada:

— Está acontecendo alguma coisa com vocês? Henrique está tão quieto.

— Acho que é esta casa. Henrique insiste em dizer que vê e ouve coisas.

— E você, vê ou escuta? — Indagou o moço.

— Não, mas às vezes tenho sensações estranhas, como se alguém me chamasse de Carequinha e risse de mim.

— Angélica, se seus pais quiserem mudar, eu tiro a multa e arrumo outra casa boa para vocês.

Quando ela entrou em casa, os quatro estavam ainda na sala, e Angélica comentou o que Fábio dissera. Henrique falou, triste:

— Tudo por minha causa! Vou superar isso! Se todos gostam daqui e se estão bem, vou me adaptar. Tudo pode ser impressão ou estou doente. Hoje vou dormir no meu quarto.

— Não, filho, eu acredito em você, não quero que sofra com medo. Dormirá conosco. Se insistir eu irei para seu quarto, vou junto – disse o pai.

— Roberto – falou Dinéia –, telefone, por favor, para seu amigo Virgílio. Peça ajuda a ele, convide-o para vir aqui. Creio que ele pode nos auxiliar.

— Boa ideia – concordou Angélica. – Ele me ajudou tanto quando eu estava doente, animava-me, eu me sentia bem quando ele me dava passe.

— Também aprovo, gosto dele, acho a Doutrina Espírita muito fraterna e a teoria sobre reencarnação verdadeira. É muito triste e injusto pensar que se vive uma vez só aqui na Terra – opinou Fabiana.

— Vou fazer isso. Amanhã mesmo telefonarei do banco para ele.

Foram dormir mais esperançosos.

capítulo 5

A história real

Pela manhã, Roberto tentou falar com seu amigo Virgílio e não conseguiu, porque ele não se encontrava em casa; estava aflito para fazê-lo. Achava que ele, com seu conhecimento e bondade, poderia ajudá-los. Só o encontrou à tarde. Contou sem entrar em detalhes o que ocorria e pediu:

— Por favor, ajude-nos novamente, venha nos fazer uma visita com a Silze. Aproveitará para conhecer o local, descansar um pouco. Aqui é pacato e tem um clima muito bom, verá como é bonito e como estamos com problemas.

— Daqui a vinte dias teremos um feriado que poderei emendar. Vou conversar com Silze, telefono avisando se der para ir. Roberto, ore mais e peça para todos em casa orarem. Eu vou fazer minhas preces daqui e pedir aos bons espíritos para ajudá-los.

E Virgílio o fez, na reunião daquela noite, da qual participava com outros companheiros no centro espírita que frequentava, orou e pediu auxílio para os amigos.

A CASA DO PENHASCO

Carmelo era um desencarnado trabalhador do bem e amigo de Virgílio. Estava no plano espiritual já havia algum tempo. Tinha ajudado Angélica quando ela estava doente, aprendera a amá-la e queria bem a todos da família. Ao saber do problema, pediu ao mentor espiritual da casa para ver o que ocorria e tentar ajudá-los. Foi dada a permissão e Carmelo foi para lá visitá-los.

Logo que chegou, Carmelo entendeu o que estava acontecendo. Viu Osvaldo, mas este não o viu. Osvaldo tinha poucos conhecimentos do plano espiritual; via e agia como se estivesse encarnado. Só veria outro desencarnado se este fosse como ele ou se o bom abaixasse sua própria vibração. Carmelo preferiu não ser visto por ele, isso facilitaria, por enquanto, seu trabalho.

Analisou o que estava acontecendo e traçou um plano de ajuda; organizou-se e tomou algumas providências. Orou e incentivou os moradores da Casa do Penhasco a fazê-lo. Conseguiu: todos passaram a orar. E no domingo, quando reunidos, à noite, Roberto os convidou:

– Virgílio nos recomendou que orássemos mais. Vamos fazer uma prece juntos?

Isso melhorou os fluidos do lugar. Enquanto oravam, Carmelo deu passe em todos, acalmando-os, concentrou sua ajuda em Henrique, não deixando mais que Osvaldo sugasse suas energias; com isso, ele não pôde mais mexer objetos nem fazer barulho. Vigiava Osvaldo de perto, também lhe dando energias benéficas, que o faziam dormir. Ele passou a dormir muito. Com sono, ia para um canto da sala e dormia. Resmungava sem entender o que acontecia:

"Que preguiça, até parece que estou encarnado. Estou com muito sono. Se estivesse no corpo físico, diria que estava

67

doente. Que moleza! Pior que não consigo fazer nenhum assombro. Desse jeito, eles irão desistir de se mudar. Vou dormir de novo!"

Nena estava quieta, conversava só o essencial e começou, a pedido de Roberto, a orar mais. Estava mais calma, porém muito preocupada, sabia que logo iria ter de contar a verdade e temia a reação de seus patrões.

As garotas também passaram a fazer mais preces. Henrique sentiu-se melhor, mais disposto e começou a estudar; estava atrasado na escola e queria se recuperar. O casal aguardava esperançoso a chegada dos amigos.

Para melhor ajudar, Carmelo se inteirou de tudo: quem eram os envolvidos nos acontecimentos ocorridos ali no penhasco, onde estavam e o porquê de Osvaldo estar ali. Assim ficou conhecendo a história real dos ex-moradores da Casa do Penhasco.

Irineu, o antigo proprietário, era jovem quando conheceu Leda e apaixonou-se por ela. Ele era de uma família rica, seus pais tinham uma fábrica de produtos agrícolas e ele viajava para vendê-los. Sentia-se feliz. Conheceu Leda quando foi a trabalho àquela cidade, e começaram a namorar. A família dele não queria o namoro, acharam-na vulgar; e também falavam muito mal dela na cidade. Mas ele teimou, e quando ela ficou grávida eles se casaram. Alugaram uma casa na cidade, onde passaram a residir. Irineu preferiu morar longe de sua família, já que eles não gostavam de sua esposa, e continuou com seu trabalho de viajante.

Ele comprou as terras do penhasco, no morro, amou o lugar assim que o viu. Leda não gostou, achou que ali ficaria isolada, mas acabou concordando e a casa foi construída; demorou para ficar pronta, foram três anos e meio de construção, mas ficou como eles planejaram, uma casa grande e muito bonita.

Quando se mudaram, a filha, Maria de Fátima, a Fatinha, já era grandinha. Irineu queria mais filhos; Leda não, achava que davam trabalho e que deformaria seu corpo.

"Tenho medo desse penhasco, é perigoso o lado direito da casa, vou ter de vigiar bem a menina" – dizia Leda.

"Realmente é perigoso, vamos proibi-la de ir lá" – falou Irineu.

De fato, do lado direito da casa havia um declive com muitas pedras. Irineu mandou fazer uma trilha, um estreito caminho que o contornava. Achava perigoso, mas muito lindo. Quando construiu a casa, quis preservar o penhasco. Andava muito por ali, admirando a paisagem. Conversou com a filhinha, pedindo que não fosse lá; e a garotinha, obediente, realmente não ia. Irineu continuava apaixonado pela esposa, fazia tudo para agradá-la, gostava de ficar em casa, era carinhoso, às vezes ficava aborrecido por ela gastar muito, mas tentava justificar pensando que ela era jovem, que fora pobre e tinha vontade de possuir objetos. Para atendê-la, trabalhava muito.

Leda foi uma jovem rebelde e independente, deu muitos aborrecimentos aos seus pais. Muito volúvel, ficou grávida por três vezes e abortou. Quando Irineu se interessou por ela, ambiciosa, tudo fez para conquistá-lo. Pensou:

"É a oportunidade de acertar minha vida. Ele é rico e poderá me tirar dessa pobreza."

Ficou grávida e contou a ele, chorando:

"Irineu, me entreguei a você por amor e estou grávida. Case-se comigo! Não abortarei, nunca faria isso com um filho seu, já o amo como amo a você. Vai me deixar ser mãe solteira?"

"Casaremos. Amo você e o nosso filho!" – Decidiu Irineu.

No começo, foi tudo novidade; ela curtiu o casamento, a gravidez e a filhinha. Depois começou a ficar entediada; frívola, logo teve amantes.

Osvaldo foi uma criança que sofreu muito. Quando era pequeno, a mãe foi embora, não aguentou o marido bêbado a surrá-la e ele nunca mais soube dela. Osvaldo passou a morar com a avó, mãe de seu pai, que não lhe tinha amor nem paciência, estava sempre xingando-o e dizendo que a mãe o abandonara; isso o fazia chorar, sentido. O pai tratava--o com indiferença, mas mesmo assim ele o temia e o evitava. Um dia, seu pai, bêbado, caiu na linha do trem e desencarnou num triste acidente. A avó tornou-se mais amargurada, tirou-o da escola e o colocou para trabalhar. Passou por muitos empregos, até que foi trabalhar para Irineu, quando a casa ainda estava em construção. Fez de tudo por lá: ajudante de pedreiro, carpinteiro e, por fim, ficou cuidando do pomar e do jardim.

"Osvaldo" – disse Irineu –, "venha morar no penhasco, vamos arrumar este cômodo de madeira e dormirá aqui, assim impedirá que me roubem material de construção."

Achou bom, ali não pagaria aluguel nem água e luz, teria seu ordenado livre. Arrumou o cômodo da melhor maneira e ficou satisfeito, estava bem acomodado. E para defender o local, ou para assustar os ladrões, Irineu comprou um revólver e o deixou com ele.

"Use só se for necessário, para assustar."

Osvaldo sentiu-se mais tranquilo, guardou a arma e passou a fazer seu serviço, contente. Ambos, patrão e empregado, estavam satisfeitos.

Via pouco Leda, sua patroa. Achou-a linda, mas ela nem o olhava, mal respondia ao cumprimento. Quando a casa ficou pronta, eles mudaram e ele continuou no seu quartinho.

"Fique conosco, Osvaldo" – falou Irineu. – "Continuará no quartinho, mas poderá fazer as refeições na cozinha, facilitando sua vida. Assim se alimentará melhor e sobrará mais do seu ordenado. Fará o serviço mais pesado da casa, cuidará do pomar e do jardim."

"Aceito sim, senhor, e lhe agradeço" – respondeu Osvaldo, contente.

"Você sabe que viajo muito e tendo você por aqui terei mais sossego, a casa é isolada. Vou guardar o revólver na gaveta desse móvel, pegue-o se necessário."

Irineu gostava do empregado e este dele. Leda dava-lhe ordens, sorria alegre; e quando percebeu que o empregado a olhava admirado, ela começou a provocá-lo, embora não querendo nada com ele, nem para amante. Osvaldo, encantado, começou a achar que ela estava interessada por ele e logo estava apaixonado.

Fatinha era uma graça, obediente, meiga, amava muito o pai, que lhe dava muita atenção e carinho.

Rita era a empregada da casa, gostava muito da patroa, que lhe dava muitos presentes.

Osvaldo, muito apaixonado, começou a seguir Leda e logo descobriu que ela tinha dois amantes. Um deles era um jovem da cidade que fora seu namorado antes de ela se casar. E o outro, de uma cidade próxima, era mais velho e casado; os dois eram apaixonados por ela como o marido e Osvaldo.

O amante, que era casado, quis abandonar a família por ela, mas o pai dele interferiu, foi visitá-la e implorou para que abandonasse o filho.

"Do seu filho eu não largo até que eu enjoe. Mas não se preocupe, não vou abandonar meu lar por ele."

Osvaldo, que estava escondido, ouviu tudo. Tinha ciúme dela e estava vivendo um tormento.

Mas Leda logo enjoou desse amante. Ele, apaixonado, queria que ela fosse embora com ele. Osvaldo, que tudo sabia, apavorava-se, não queria que sua amada fosse embora. Leda terminou tudo com ele, mas este homem, por estar apaixonado, tentou se matar, ficou doente, largou a família e ela voltou a ser sua amante.

Osvaldo sabia tudo o que acontecia com Leda, pois a vigiava e sofria com ciúme. Resolveu conquistá-la sendo agradável, dando-lhe flores, presentes. Ela recebia indiferente, ora sendo gentil, ora rindo dele. Essa situação estava ficando insuportável para o jardineiro, que só pensava nela e não sabia como agir, se declarava ou não seu amor, temia a resposta dela. Sonhava que ao se declarar ela largaria o marido para ir embora com ele. Mas para onde? O que fazer para sustentá-la? Leda ia continuar a ter amantes? Pensava muito e não chegava a nenhuma conclusão.

Irineu às vezes desconfiava da esposa, mas se iludia, estava muito apaixonado e ela o envolvia, levando-o a pensar que era amado e que não deveria sentir ciúme.

Irineu viajou, ia retornar no domingo. No sábado, após a empregada ter ido embora, Osvaldo viu que Leda estava na sala sozinha. Procurando ter coragem, foi falar com ela.

"Leda, preciso lhe falar."

"Que intimidades são essas? Como entra na casa assim sem pedir permissão? E me chame de senhora; para você sou dona Leda" – respondeu ela autoritária, mas rindo, zombando dele.

Osvaldo ficou parado sem saber o que fazer. Ela estava muito bonita, toda arrumada, talvez – pensou ele – fosse encontrar com um dos amantes. Ficou nervoso e com ciúme. Ela saía muito para esses encontros, muitas vezes deixando a filhinha sozinha, e quando o marido viajava, recebia-os ali. E certamente, concluiu ele, estava se preparando para receber um deles. Vendo que o empregado não falava nada, Leda disse, debochando:

"Vamos lá, já que está aqui, diga logo o que quer."

"É que eu amo você, a senhora. Amo-a muito!" – Murmurou o jardineiro.

"E daí? O problema é seu, não fiz nada para conquistá-lo."

"Você tem outros amantes, e eu..." – falou Osvaldo, gaguejando.

"Já lhe disse que para você sou senhora. Como ousa? Não tenho amante nenhum!" – Gritou Leda.

"Não precisa negar, sei de tudo! Há tempo a sigo. E se é amante deles, pode ser minha também."

"Abusado! Quem você pensa que é? É só um simples jardineiro. Como se atreve a falar assim comigo? Nunca serei de pessoas como você, um simples empregado."

"Você também tem origem humilde, veio de família pobre" – justificou ele.

"Você disse bem, fui, e não sou mais. Agora sou rica, bonita e faço o que quero. Vê se se enxerga, você não é nada para me dizer isso, me ameaçar" – exaltou-se ela.

"Dona Leda, não me provoque, se é amante daqueles dois, pode ser minha. Senão, contarei tudo para o senhor Irineu" – ameaçou Osvaldo.

"Ah, é? Conta tudo? Tudo o quê? Você acha que meu esposo vai acreditar em você? Vou mandá-lo embora; quando Irineu chegar vou dizer que você me desrespeitou, mexeu comigo. E vou persegui-lo, não deixarei ninguém por aqui lhe dar

73

emprego. Nojento! Nunca serei sua amante! Jamais! Você me dá nojo!" – Falou Leda, sorrindo cinicamente.

Osvaldo sentiu muito ódio. Veio dizer a ela do seu amor e recebeu ofensas, zombarias. Sem refletir, foi até o móvel onde estava o revólver e pegou-o.

"Mato a senhora!" – Exclamou, irado.

"Mata nada, você não serve nem para isso! É um imprestável! Um pobretão!"

Osvaldo então atirou duas vezes no peito dela. Leda caiu e ele viu no seu olhar indignação e espanto. Ela morreu e ele ficou ali apavorado, sem saber o que fazer. Tonto, confuso, sentou-se numa poltrona, sofria, ele a amava e agora ela estava morta, e fora ele que a matara.

Quando Leda saía de casa ou recebia os amantes, querendo que a filha ficasse no seu quarto quieta, não incomodasse, dizia à menina que ia passear no penhasco, que lá era perigoso e ela não podia ir. Fatinha ficava sozinha, como também não dizia ao pai porque a mãe pedia:

"Papai não quer que vamos lá, mas eu sou grande, gosto e posso ir. Você não deve dizer nada para ele."

E a garotinha não dizia, não comentava com ninguém. Mas naquele dia, como se passaram horas, cansou de ficar brincando no quarto sozinha e achou que a mãe já deveria ter voltado. Desceu as escadas, chamando-a.

Osvaldo estremeceu com a vozinha da garotinha, mas não saiu do lugar. A menina viu-o e teve medo. Ela o conhecia, ele trabalhava em casa, mas se espantou por vê--lo de cabelos desarrumados, olhos avermelhados e roupas desalinhadas. Assustou-se e falou:

"Mamãe! Vou com você no penhasco!".

Correu. Osvaldo ficou ainda por instantes parado, depois repetiu o que a menina disse e exclamou:

"Meu Deus! Fatinha foi para o buraco!".

Saiu da casa correndo e foi para a trilha que rodeava o buraco. Quando ela o viu, correu mais.

Osvaldo apavorou-se:

"Preciso alcançá-la, é perigoso" – pensou aflito.

"Pare, Fatinha! Pare! Cuidado!" – Gritou com voz rouca, assustando mais ainda a menina.

A garota chegou na trilha, estava ofegante, com medo, queria gritar pela mãe e não conseguia.

Aí torceu o pé, mas não parou de correr, desequilibrou-se e caiu no buraco, desencarnou na queda. Osvaldo se desesperou, desceu e verificou: ela estava morta. Subiu e voltou para casa, onde ficou na sala com o cadáver de Leda.

Estava atônito, pensou em fugir, mas não tinha coragem de deixá-la ali: amava-a, agora ela era dele. Passou a noite confuso, desequilibrado; acabou dormindo e acordou com Irineu chegando.

O dono da casa assustou-se vendo a casa aberta, pois era muito cedo. Entrou chamando pela esposa e pela filha. Não tendo obtido resposta, foi de cômodo em cômodo, e quando viu Osvaldo sentado numa poltrona, assustou-se:

"O que faz aqui?"

Aí viu a esposa morta. Estava gelada, com os olhos abertos.

"Leda! Leda! O que aconteceu? Está morta! Osvaldo, o que aconteceu aqui? Fale! Foi você?"

"Sim!" – Respondeu Osvaldo, baixinho.

"Miserável! Por quê? Onde está minha filha? Cadê Fatinha?" – Perguntou Irineu, desesperado.

"Morta no buraco!"

"Assassino!" – Gritou o dono da casa.

Então viu a arma em cima do sofá, pegou e apontou para Osvaldo, que nem se mexeu.

"Morra! Você merece morrer! Fique aqui, fique nesta casa para sempre! Assassino miserável!"

Deu dois tiros no peito dele.

"Como viver sem elas? Como? Quero morrer também!" – Falou desesperado e chorando.

Apontou para sua própria cabeça e atirou.

Na segunda-feira cedo, Rita, a empregada, encontrou os cadáveres, saiu gritando e chamou a polícia.

Fatinha, ao ter seu corpo morto, foi desligada, levada para um socorro num educandário da colônia do espaço espiritual do lugar. Ficou apreensiva, sentia o pai chamar por ela em desespero, não conseguia se tranquilizar nem esquecer sua fuga e queda. Embora gostando do lugar, quis reencarnar para esquecer. A direção do educandário resolveu que o melhor para ela seria a reencarnação, e ela voltou ao corpo físico: agora era Fabiana.

Leda desencarnou confusa e com espanto, nunca pensou que aquele empregado bobo e apaixonado tivesse coragem para tanto. Horas depois de desencarnar foi desligada do corpo físico por um grupo de arruaceiros e levada ao umbral, onde se afinou e passou a viver como moradora, como membro do grupo. Quando conseguiu entender o que de fato lhe ocorrera, um deles lhe deu notícias.

"Sua filha desencarnou ao cair no buraco aonde tinha ido procurá-la. Seu esposo matou o assassino e depois se suicidou."

"Onde está minha filha?" – Indagou Leda.

"Os bons a pegaram, foi levada para um lugar onde não podemos ir porque não merecemos" – respondeu o companheiro.

A Casa do Penhasco

"Ela está bem?"

"Só pode estar, os bons, como o adjetivo diz, são bons mesmo, adoram crianças, e quando estas desencarnam eles as socorrem."

Leda não quis saber de mais nada, não queria pensar na vida que teve encarnada, estava bem para procurar encrenca. A filha era um anjo, e anjos vão para o céu. Depois, foi ela quem mentiu para a menina, dizendo que ia à trilha, para poder sair e encontrar com os amantes, e Fatinha fora lá para procurá-la. Entendeu que teve culpa, mas não quis se amargurar com remorso, resolveu esquecer tudo e aproveitar a companhia daqueles novos amigos e as farras que faziam. O esposo, aquele bobo, que se danasse, e Osvaldo que ficasse longe dela.

O tempo passou e Leda continuou com o grupo fazendo algazarra no umbral e entre os encarnados. Mas começara a se cansar e ultimamente pensava muito na filhinha e em um de seus amantes, o mais velho, que orava muito por ela.

Irineu, como desencarnou por seu ato impensado, seu espírito continuou ligado ao corpo físico. Viu de forma confusa os policiais acharem-no. Ficou indignado com o desrespeito com que era tratado. Com dores terríveis e achando que seu corpo não tinha morrido, queria ir para um hospital ou morrer. Pensava, agoniado:

"Por que não morro?" Não quis acreditar no que os policiais diziam, que estava morto. "Não é hora de brincar! Estou vivo, socorram-me ou eu acabo de fazer o que fiz mal-feito. Matem-me!".

Só começou a duvidar que seu corpo físico estava vivo quando seus familiares chegaram, trocaram sua roupa e colocaram-no em um caixão. Escutou choros e lamentações.

Seu desespero foi terrível quando o fecharam e ele ficou no escuro. Percebeu que colocaram o caixão em outro local e escutou o barulho de ferramentas fechando o túmulo, depois o silêncio. Que desespero! Que horror! Irineu, seu espírito, seu verdadeiro eu, ficou no corpo e foi enterrado sem ser desligado. Só algum tempo depois que uma equipe de socorristas o desligou da matéria morta, e por afinidade foi atraído para o Vale dos Suicidas, uma região do umbral para onde vão os que mataram seu corpo físico. Sofre-se muito nesse local. Lá sentia dores, fome, frio e muita solidão, embora houvesse muitos por ali; mas todos estavam tão confusos quanto ele. Por anos ficou perturbado, revoltado e desesperado. Mas o remorso começou a despertá-lo para a realidade; maldizia-se por ter comprado a arma e por ter, naquela manhã de domingo, agido precipitadamente e acreditado no empregado. Se sua filha estivesse viva, teria ficado, com seu ato, sem pai nem mãe. Mesmo que ela tivesse morrido, agora ele sabia que ninguém acaba com a morte do corpo físico. Fatinha, como ele, estaria vivendo de outro modo. Pensava amargurado:

"Se não tivesse arma em casa, Osvaldo não teria matado Leda, nem eu a ele e a mim. Talvez ficasse tudo numa discussão. Se não tivesse pegado aquele maldito revólver, poderia ter amarrado o assassino, chamado a polícia e ele teria sido preso. Sofreria, mas continuaria vivendo, e quem sabe estaria feliz, o tempo passa e a gente esquece, só não passa aqui neste inferno. Tudo é preferível a isto que sofro agora."

E Carmelo, após visitá-lo, achou que ele poderia ser orientado e socorrido.

Osvaldo, ao receber o impacto das balas do revólver, foi desligado violentamente do corpo morto e ali ficou perturbado, tendo pesadelos. Quando melhorou, sentiu-se preso, ficou na casa, já que seu quartinho fora destruído. Também ele maldizia por ter pegado a arma. Pensava, agoniado:

"Se não tivesse revólver na casa, teria só discutido com Leda, no máximo teria dado uns tapas nela. Ela me mandaria embora, eu teria ido, esquecido, e tudo estaria bem. Maldito revólver!"[4]

Após saber tudo, Carmelo traçou planos para socorrer todos os envolvidos. Quando Virgílio e Silze dormiram, ele conversou com seus espíritos, informando-os de tudo. Como também falou com o orientador espiritual da casa espírita à qual eram vinculados e obteve permissão para que fizesse o necessário para o socorro deles.

Carmelo continuou dando passes em Osvaldo, fazendo-o dormir, e em Henrique, impedindo que Osvaldo lhe tirasse energias.

Na casa não houve mais manifestações, não se ouviram mais barulhos nem objetos se mexerem. Henrique continuava dormindo com os pais, e pai e filho ainda estavam muito assustados.

Virgílio confirmou sua ida e todos aguardaram ansiosos a visita. Roberto tinha certeza de que o amigo resolveria o problema deles.

---

4 – O revólver não é culpado, é apenas um objeto. Mas tanto Irineu quanto Osvaldo têm razão; se não houvesse arma na casa, tudo teria sido diferente. Haveria discussão, briga, que no máximo resultaria em agressão física. Mas por imprudência a arma estava lá e foi indevidamente usada (Nota do Autor Espiritual).

capítulo 6

Orientando

Foi uma alegria a chegada de Virgílio e Silze na Casa do Penhasco. Os dois acharam o lugar maravilhoso, mas logo perceberam que ali estava um desencarnado necessitado de orientação. Conversaram, trocando notícias, e Henrique disse:

— Virgílio, tenho estado perturbado, não estou nada bem. Queria saber de você se estou louco.

— Claro que não, Henrique, você não está doente. Você é médium[5], isto é, um paranormal que tem sensibilidade para ver e ouvir pessoas que mudaram de plano, que tiveram o corpo físico morto e que continuam vivos. Mas há algumas pessoas que fazem essa passagem e por algum motivo per-

---

5 – Médium: é a pessoa que pode servir de intermediária entre os espíritos e os homens. Costumam-se chamar de médiuns apenas as pessoas que têm sensibilidade mais acentuada para esse intercâmbio, mas, na verdade, todos somos médiuns, pois a influência dos espíritos se exerce em nós de alguma forma, ainda que não a percebamos (N.E.).

manecem em certos lugares, e pessoas sensíveis conseguem percebê-las. Isso não é um fato incomum: há médiuns por toda parte que passam pelo que você está passando.

– Se não é raro, por que não sei de mais ninguém? – Perguntou o garoto.

– Você mesmo não escondeu isso? Comentou com alguém? As outras pessoas também evitam falar, com receio de serem chamadas de mentirosas ou doentes. Mas no meio espírita fala-se muito sobre isso, dando compreensão e entendimento sobre o assunto. Pela ajuda dada a esses sensitivos, que chamamos de médiuns, essas pessoas convivem com esse fenômeno naturalmente.

– É mesmo? Que alívio! Será que um grupo espírita me aceitaria? Quero que você me arrume por aqui um lugar a que eu possa ir para conversar e aprender a lidar com tudo isso, senão vou enlouquecer – falou Henrique.

– Certamente, Henrique – respondeu Virgílio. – Vou deixar aqui alguns livros que eu trouxe, que falam sobre o assunto. Leia-os para que entenda o que está acontecendo com você, porque quando conhecemos, dominamos e acaba-se o medo.

– Você também passou por isso? – Quis saber Angélica.

– Fui um garoto diferente desde pequeno, recebia recados de familiares mortos, que chamamos de desencarnados. Ouvia-os e às vezes via-os, tinha medo, mas minha mãe acreditava em mim. Embora tivéssemos outra religião, levava-me para tomar passes. Curioso, fui me informando sobre o assunto. Quando tinha dezenove anos passei a estudar todas as religiões e gostei. Compreendi que como o nome já diz, religião significa religar, unir o homem a Deus. Todas têm bons princípios, ensinam a fazer o bem e a evitar o mal. Mas ao estudar o Espiritismo, maravilhei-me com a Lei da Reencarnação e a Lei da Causa e Efeito. Entendemos a justiça divina quando compreendemos que temos muitas oportunidades de voltar a nascer na Terra para evoluirmos, e aceitamos a Lei de Causa e Efeito, quando percebemos que tudo que fizermos de bem ou de mal terá o retorno. E foi a Doutrina Espírita que explicou o que se passava comigo; tornei-me espírita e sou muito feliz por isso. Foi num centro espírita que conheci Silze e nos apaixonamos; ela é médium, trabalhamos juntos e temos educado nossos filhos no Espiritismo.

À noite, após o jantar, Virgílio convidou a todos para se sentarem nas confortáveis poltronas da sala e fazer o Evangelho no Lar[6].

— Nos Evangelhos estão contidos os ensinamentos de Jesus, nosso Mestre Divino, que encarnou entre nós para nos ensinar. Vocês devem ter por hábito ler, estudar e uma vez por semana reunirem-se para fazê-lo juntos. Um lê, comenta-se e após oram.

Silze abriu o O *Evangelho Segundo o Espiritismo*, de Allan Kardec, e se pôs a ler a página aberta. Do capítulo quatro: "Ninguém pode ver o reino de Deus se não nascer de novo", e no item vinte e cinco: "Necessidade da encarnação".

Todos prestaram muita atenção. Fabiana comentou:

— Interessante! Tem lógica!

— Parece que sempre pensei assim. Ao escutar, senti conhecer o assunto — comentou Angélica.

---

6 – Evangelho no Lar: reunião feita para oração e estudo de O *Evangelho Segundo o Espiritismo*. É realizada sempre no mesmo dia da semana e no mesmo horário para facilitar a presença de amigos espirituais (N.E.).

– Muito boa a comparação que se fez sobre o estudante. De fato, se cada encarnação é um ano de estudo que se deve fazer, ativo é quem aproveita e não repete a lição. Vou gostar de ler este livro! – Falou Henrique, entusiasmado.

Osvaldo estava na sala, viu pessoas diferentes, mas sentiu tanto sono que nem pôde ver quem eram. Ficou sonolento, ouviu o Evangelho e voltou a dormir.

Após alguns comentários, oraram. Todos gostaram e prometeram que num dia da semana iriam reunir-se para orar juntos e estudar o Evangelho.

Foram dormir. No outro dia, cedo, passearam pelas redondezas, foram à cidade e à tarde, como Virgílio havia combinado com Roberto, reuniram-se numa pequena sessão de desobsessão para conversar com os desencarnados envolvidos com aquela casa[7].

– Não costumo fazer isso, recomenda-se que essas sessões sejam feitas nos centros espíritas, que é o lugar apropriado. Mas pedi permissão aos mentores do meu centro e eles recomendaram fazê-lo aqui, e virão para nos ajudar.

Dinéia também quis participar. Reuniram-se na sala, em volta da mesa. Virgílio orou, pedindo proteção:

– Estamos reunidos aqui em nome de Jesus e a Ele pedimos proteção e amparo no trabalho que iremos fazer. Permita, Senhor, que os bons espíritos estejam presentes e nos orientem. Dá-nos a inspiração para melhor ajudar esses nossos irmãos que sofrem, auxilia-nos para que possamos ser veículos desse socorro. Pai Nosso...

---

7 – É recomendável que a desobsessão seja sempre realizada em um centro espírita por causa da proteção e do campo vibratório que há nesse local. Excepcionalmente, com preparo e cuidados antecipados, a desobsessão pode ser feita em outro lugar. Veja O *Livro dos Médiuns*, capítulo 23 (N.E.).

Carmelo e outros companheiros já haviam organizado tudo. Buscaram Irineu no Vale dos Suicidas, no umbral[8].

Irineu sentiu-se aliviado ao sair do vale, começava a se arrepender do seu ato impensado. Reconheceu a casa e chorou, depois ficou quieto, como lhe foi pedido.

Leda estava vagando no umbral; foi convidada para ir à Casa do Penhasco por um trabalhador do grupo.

– Que vou fazer lá? Nunca mais voltei.

– Você precisa de orientação, faz tempo que desencarnou. Não quer mudar de vida?

– Tenho estado cansada, às vezes penso que o melhor seria esquecer tudo. Sinto-me culpada! Está bem, vou com você.

Chegou à casa, olhou tudo, saudosa. Estava modificada; ao ver Irineu, apiedou-se. Seu esposo estava mudado. Tinha um ferimento no ouvido que sangrava, estava sujo, fétido, olharam-se por um instante e ambos choraram.

Osvaldo foi despertado e levado à outra sala, em que estavam reunidos; ficou num canto. Assustou-se ao ver os dois lá; quis sair, mas foi impedido; então ficou quieto, observando tudo.

Aproximaram Irineu de Silze, que ficou ao lado dele, cerca de uns vinte centímetros. Os trabalhadores do bem que

---

[8] – Umbral é um local no plano espiritual onde ficam desencarnados que não merecem ou não querem viver em planos elevados. Vale dos Suicidas é um local no umbral para onde vão os que mataram seus corpos físicos. Ao cometer esse ato, a primeira decepção é a de que continuam vivos, pois não conseguem matar o espírito, o verdadeiro eu. Há muitos vales espalhados pela Terra. Lá a permanência não é eterna, mas temporária, e esse tempo depende de muitos fatores; cada um fica o tempo que lhe é necessário. É um local de sofrimento: quem transgride as leis divinas, desarmoniza-se e necessita harmonizar-se, e a dor é uma grande lição. Mas em todos os lugares há o socorro: irmãos ajudando a outros. E no Vale dos Suicidas também há essa bênção, e os suicidas têm novas oportunidades de auxílio e de reencarnação (N.A.E.).

estavam ali para auxiliar ajudaram esse intercâmbio, para que, por meio da mediunidade de Silze, ele pudesse sentir a energia de um corpo físico e ouvir a orientação. Ele começou a falar emocionado e a médium repetiu:

– Quanto tempo se passou? Muitos anos? Século?

– Foram dois decênios e meio, meu irmão – respondeu Virgílio, que conversaria com eles.

– Aqui tudo está modificado. Mas por que foram me buscar?

– Meu amigo, você não se arrependeu do que fez? Já sofreu muito, por que não pedir perdão e socorro a Deus, nosso Pai? – Falou Virgílio.

– Fui imprudente, errei muito, acreditei na pessoa amada que me traía, matei seu assassino, não verifiquei o que ocorrera com minha filhinha e me suicidei. Quanta desgraça! Não deveria ter feito isso, nem matá-lo nem a mim – falou Irineu, e os encarnados ouviam por Silze, que repetia palavra por palavra o que ele dizia.

– Você os perdoou? – Indagou Virgílio.

– Sim, porque eu também preciso de perdão.

– Amigo, pense em Jesus abençoando-o e vamos ajudá-lo.

Irineu recebeu fluidos bons, e um dos desencarnados que estava ali para ajudar fechou seu ferimento[9], acabando com a dor. Irineu suspirou aliviado e chorou; dessa vez seu choro foi de agradecimento. Tranquilo e agradecido, foi retirado de junto da médium.

Leda chorou ao escutar o relato de seu ex-esposo. Aproximaram-na de Silze e, pelo mesmo processo, conversou com Virgílio.

---

9 – O espírito fechou o ferimento aplicando energia fluídica, pois atua sobre o perispírito, e não em um corpo carnal (N.E.).

— Você aqui, Carmelo?! — Exclamou Leda, e Silze repetiu.
Após uns segundos ela continuou a falar:

— Sinto-me culpada, não mereço ajuda! Desencarnei de forma brutal, nunca pensei que isso fosse acontecer comigo, não pensava na morte, era jovem, sadia, alegre. Tudo o que aconteceu me pareceu, por muito tempo, um pesadelo, um sonho ruim do qual não acordava. Perguntava-me: por que eu? Isso aconteceu mesmo? Por questão de segundos tudo acabou. Depois concluí que é assim mesmo, a gente é, e por um instante não é mais. Isso ocorre com tantas pessoas! A ilusão é falsa, parece que está tudo bem, acontece algo e desmorona, acaba tudo. Não pensei que aquele empregado, um simples jardineiro, tivesse a ousadia de atirar em mim, mas teve, e tudo se modificou. Mas o tempo passou e me acostumei ao umbral, tive companheiros e tentei tirar proveito do que me foi oferecido. Estava bem lá e vocês foram cruéis em me trazer aqui e ver meu esposo, naquele estado.

— Por que nunca foi vê-lo? — Perguntou Virgílio.

— Achei que ele me odiava. Depois, só pensei em minha filha — respondeu Leda.

— Você soube dela? — Indagou o orientador encarnado.

— Falaram-me que ela foi socorrida pelos espíritos bons que amparam crianças e me despreocupei. Quis esquecer tudo e fiquei por lá, no umbral.

— Minha irmã, aqui estamos para que se reconciliem. Diga-me, o que você tem feito de sua vida? Está feliz? — Perguntou Virgílio.

— Não estou fazendo nada de digno. Quando encarnada, aprontei muito; desencarnada, continuei a viver entre farras e orgias, mas isso já não me traz satisfação. Agora que vi meu esposo é que percebi quanto lhe fiz mal, ele matou e morreu por mim e nem juntos ficamos. – Falou Leda com sinceridade. Suspirou e indagou: – Para onde ele vai ser levado?

– Para um hospital onde ex-suicidas são auxiliados.

– Poderei ajudá-lo pelo menos?

– Poderá visitá-lo; quanto a ajudar, você sabe? Não! Mas poderá aprender para auxiliar ele e outros. Peça perdão e perdoe – pediu Virgílio.

– Peço perdão e nada tenho a perdoar. Esse coitado que me matou morreu também e já sofreu muito. Além disso, brinquei com seus sentimentos – falou Leda.

– Você também será levada para um socorro.

– Agradeço!

Saiu de perto da médium e ficou ao lado de um socorrista, com lágrimas escorrendo pelo rosto. Foi a vez de Osvaldo, que estava emocionado; nunca pensou em reencontrar seus ex-patrões. Penalizou-se ao ver o estado de Irineu e com os dizeres de Leda. Arrependeu-se profundamente e se esforçou para não chorar. Como não falava nada, Virgílio o indagou:

– Você, meu amigo, é que estava aqui assombrando?

– Sou eu sim, senhor – respondeu Osvaldo, e Silze repetiu.

– Por quê?

– Fui impedido de sair. Tenho de ficar aqui para sempre e não quero companhia, ninguém na casa.

– Por que tem de ficar aqui? – Perguntou Virgílio.

– Sou um assassino! Matei aquela ali. Mas não matei a menina. Não mesmo! Ela desceu a escada, me viu na sala, correu para o lado perigoso do penhasco, corri atrás para pegá-la, para impedi-la de cair, e foi isso que ocorreu, ela caiu e morreu. Mas seus pais não devem preocupar-se com ela, Fatinha está bem, nasceu de novo, é bonita e amada – falou Osvaldo.

— Você se arrependeu?

— Sim, senhor, arrependi-me e sofro por isso. Se tivesse oportunidade de voltar atrás, tudo ia ser diferente, não mataria ninguém. Mas nada volta, não é mesmo? Se voltasse não faria mais essa besteira. Isso dói! E estou sempre pensando: Se tivesse feito assim, não aconteceria isso... Sempre o "se". Mas foi só um instante, fiz e está feito, e não tem reparo. Que coisa! O senhor já pensou nisso? É um erro, um descuido e está feito o irreparável, acontece um acidente, mata-se, leva-se um tombo...

— Meu amigo, você não precisa mais ficar aqui. Peça perdão e venha conosco, irá aprender a viver como desencarnado e pensar na sua vida futura.

— Eles disseram que me perdoaram, agradeço. Peço perdão de joelhos, mas é difícil eu me perdoar. Mas será que consigo sair daqui? Já tentei e não consegui – falou Osvaldo.

— Agora, com nossa ajuda, conseguirá – afirmou Virgílio.

— Obrigado! Quero ir com vocês; quem sabe nascer como Fatinha, num outro corpo, e esquecer tudo. Mas por que vocês vieram aqui? Tantos desencarnados bondosos.

— Viemos ajudar esta família – respondeu Virgílio.

— Prejudiquei-os também, não é? Coitado do garoto! Peço desculpa a eles. Se eu não conseguir sair daqui, não vou assombrá-los mais – falou Osvaldo.

— Você irá sair! Quem o prendia era você mesmo. Sentindo-se culpado, puniu-se ficando preso aqui. Mas agora acabou, pediu perdão e foi perdoado. Todos iniciarão uma vida nova.

Foi afastado da médium e Carmelo aproveitou para falar por Silze, dando algumas informações:

— Meus amigos, vocês estão agora livres dos fenômenos estranhos que ocorriam nesta casa. Viram que tudo tem explicação, tudo que ocorria era porque um desencarnado estava aqui, sem orientação, achando-se preso pela culpa, não queria ninguém morando aqui, fazia isso para que fossem embora. Podem ficar tranquilos e não precisam mais se mudar. Orientado, ele foi embora e não volta mais. E aproveitem que esse casal amigo está aqui e procurem adquirir informações que os ajudarão a compreender o que se passou e que evitarão muitas dificuldades futuras, porque tanto Roberto quanto Henrique são médiuns. Desejo a todos muita paz e tranquilidade, em nome de Jesus.

Despediu-se, Virgílio orou, agradecendo, e deu por encerrada essa pequena sessão, mas de grande ajuda.

Quando terminou, Dinéia suspirou aliviada.

— Virgílio, pelo que entendi, o jardineiro que assassinou a dona da casa estava aqui e fazia tudo aquilo porque queria que mudássemos. E agora, orientado, foi embora para o lugar devido e ficamos livres desse tormento.

— É isso mesmo, Dinéia — esclareceu Virgílio. — Ele se sentia preso aqui e queria ficar sozinho. Aproveitando os fluidos de Henrique e de Roberto, ele conseguia fazer os barulhos, mexer objetos. Agora, socorrido, viverá dignamente, aprendendo para progredir.

— Quem o prendeu aqui? O dono da casa? — Dinéia quis saber.

— Quando o ex-proprietário o matou, disse para ficar aqui para sempre. O jardineiro, sentindo-se culpado, ficou. Achou que deveria estar, pelo seu crime, numa prisão, e fez

89

daqui a sua, como o outro lhe ordenara. Esteve preso por sua consciência. Autopuniu-se – respondeu Virgílio.

– Vamos dormir, estou cansada – pediu Silze.

Foram para seus quartos. Os visitantes dormiram logo, Roberto e Dinéia ainda conversaram um pouco.

– Roberto, nunca pensei que fosse possível conversar com os mortos.

– Dinéia, é desencarnado que se fala, porque ninguém morre realmente. O corpo físico pára as funções vitais, mas a gente continua vivo e vai morar em outro lugar.

– Você parece interessado. Gostou? – Indagou Dinéia.

– Gostei! Senti tudo muito verdadeiro, parece que já sabia disso. Vou ser espírita! Há muito sinto falta de me ligar a uma religião, e o Espiritismo me parece racional. Para tudo que você quer saber, eles têm explicações lógicas.

– Se Henrique melhorar, não estiver doente mesmo, eu irei com você e, se entender, me tornarei espírita também – decidiu Dinéia.

Os dois oraram agradecendo a Deus e pedindo paz a todos, e depois foram dormir.

Quando Virgílio deu por encerrada a sessão, Carmelo e seus amigos desencarnados levaram os três para a colônia, e, antes de eles serem encaminhados ao lugar que lhes cabia, puderam conversar, ficar juntos por uma hora. Leda ficou perto de Irineu e disse baixinho:

– Você me perdoou mesmo? Traí você, não fui digna de seu nome, do seu amor.

– É melhor esquecer, já sofri muito. Amei você com paixão, agora quero tê-la como irmã. O que importa para mim é que Fatinha está bem.

Osvaldo intrometeu-se na conversa deles.

— Tudo por minha culpa! Comecei tudo!

— Você foi culpado sim, mas não foi o pior — disse Irineu. — Leda me traía, tinha dois amantes, e quando descobrisse certamente iria matá-la e, achando que não viveria sem ela, acabaria me suicidando. De qualquer forma, faria uma besteira. Não aceitaria ser traído nem viver sem ela.

— Acho que eu fui a pior — disse Leda tristemente. — Agi errado, fui leviana, provocava Osvaldo e o desprezava, fui eu que comecei, quem primeiro errou.

— Irineu tem razão, já sofremos muito e é melhor esquecer. O que importa é que nos perdoamos e teremos a oportunidade de recomeçar, como nos disse aquele senhor encarnado — expressou Osvaldo.

— Vamos recomeçar sem mágoas e eu quero aprender a amar de forma certa — falou Irineu, determinado.

Osvaldo foi para a escola de uma colônia estudar e trabalhar, preparar-se para reencarnar e ter a bênção do esquecimento.

Irineu foi para uma colônia, das muitas que existem de recuperação de ex-suicidas, onde aprenderia a dar valor à oportunidade de viver por um período num corpo físico. Também iria estudar e trabalhar.

Leda pediu para ficar perto de Irineu; foi para uma colônia próxima à dele, para estudar, trabalhar, e visitava-o sempre.

O casal ficou sabendo que Fatinha reencarnou e que agora era Fabiana. Não tiveram permissão para visitá-la, mas saber que ela estava bem os tranquilizou.

Naquela noite Henrique dormiu gostoso, tranquilo, como há muito não fazia. Carmelo aproveitou para falar com ele, quando adormecido, para lhe dar confiança:

"Tente, Henrique, saber o que ocorreu. Quando conhecemos o assunto, dominamos nosso medo. Compreendendo, tudo fica mais fácil".

No outro dia, após o café da manhã, Henrique aproximou-se de Virgílio.

– Virgílio, por que eu via e ouvia o fantasma?
– Porque você tem mediunidade, sensibilidade para isso.
– Como vocês? – Indagou Henrique.
– Sim, como nós – respondeu Virgílio.
– Por que isso aconteceu aqui? – Perguntou Fabiana.

– Trouxe comigo alguns livros e, se vocês quiserem, deixá-los-ei para que leiam. Esse aqui é um livro do codificador da Doutrina Espírita, isto é, ele estudou esses fenômenos que sempre existiram e os explicou de forma fácil, para que pudéssemos entendê-los. É O *Livro dos Médiuns*, de Allan Kardec; temos no capítulo nono "Locais assombrados".

– Leia para nós, por favor – pediu Angélica.

Virgílio leu o tão interessante capítulo, na questão nona A, Henrique entendeu que aquele desencarnado que estava ali na casa ficou preso lá porque cometeu um crime e sentia-se punido. Deveria ser horrível não poder esquecer as cenas ruins e ter sempre a lembrança do seu erro a atormentar. Interessou-se também pelas questões doze e treze. Até interrompeu Virgílio.

– Então, para expulsar os maus espíritos, é preciso atrair os bons? E para ter os bons por companhia é necessário melhorar. Parece fácil! Gostei!

Virgílio sorriu e continuou a leitura, pois todos estavam muito interessados.

– Por favor, leia os últimos parágrafos de novo, achei muito interessante – pediu Angélica.

Virgílio leu:

— "Resulta das explicações acima que há espíritos que se apegam a certos locais e neles permanecem por preferência, mas não têm necessidade de manifestar a sua presença por efeitos sensíveis. Qualquer local pode ser a morada obrigatória ou de preferência de um espírito, mesmo que seja mau, sem que jamais haja produzido alguma manifestação.

Os espíritos que se ligam a locais ou a coisas materiais nunca são superiores, mas por não serem superiores não precisam ser maus ou alimentar más intenções. São mesmo, algumas vezes, companheiros mais úteis do que prejudiciais, pois, caso se interessem pelas pessoas, podem protegê-las".

E finalizou:

— Vocês podem ler esses livros, aprenderão muito.

— Eu vou começar já – afirmou Henrique. – Se tenho como entender tudo o que se passa comigo e se é possível conviver bem com isso, farei com gosto. É um alívio não estar doente!

— Mediunidade não é doença, Henrique – falou sorrindo Silze. – Sou médium, estou ótima, sinto-me bem e feliz ajudando o próximo por meio dela. Mas você ainda é muito jovem para fazer o que eu faço. Facilitará sua vida se agora entender, frequentar um centro espírita; tudo irá acontecer naturalmente.

Fizeram, curiosos, algumas perguntas. Virgílio e Silze responderam esclarecendo, ficando a manhã toda conversando.

— Como somos egoístas! Virgílio e Silze também vieram descansar, passear, e nós os prendemos em casa a manhã toda – falou Dinéia.

— Viemos aqui com o objetivo de ajudar e esclarecer, e estamos contentes com o interesse de vocês – falou Virgílio, gentil.

93

— Bem, vamos almoçar, depois levaremos vocês para conhecer o penhasco e à tardinha vamos dar um mergulho — falou Dinéia.

Todos aprovaram e foram almoçar.

Na praia, Virgílio afastou-se um pouco do grupo e encontrou-se com um senhor e puseram-se a conversar. Quando novamente se reuniu com os amigos, Roberto falou, rindo:

— Você já fez amizade aqui. Aquele senhor é muito simpático, é cliente do banco.

— Ele é espírita — respondeu Virgílio. — Já sei de um bom centro espírita para vocês irem se quiserem mesmo frequentar um. Hoje à noite tem uma reunião e convido-o para ir comigo.

— Claro que vou — respondeu Roberto.

Às oito em ponto estavam no centro. Roberto olhou tudo, aprovando. Foram só os dois, as mulheres ficaram conversando em casa. A reunião consistia de uma palestra e, na sequência, passes. Os visitantes gostaram, e ao término ficaram conversando com o orientador da casa, que veio cumprimentá-los. Assim ficaram sabendo das atividades do centro. Ao sair, Roberto comentou com o amigo:

— Puxa, como fomos bem recebidos! Virei a essas palestras e quero participar do grupo de estudo, certamente para os iniciantes. Senti-me tão bem ao receber o passe.

— Que bom, Roberto, vê-lo entusiasmado! Tenho a certeza de que você gostará e aprenderá muito.

Roberto contou em casa tudo o que viu e ouviu. A família toda decidiu ir ao centro espírita.

A permanência de Silze e Virgílio foi um prazer aos moradores da casa. Conversaram muito, mas chegou a hora de ir embora; despediram-se. Virgílio prometeu atendê-los sempre que precisassem, e a Henrique, que lhe tiraria dúvidas pelo telefone. O casal partiu contente tanto por ter ajudado os amigos quanto pelos dias tranquilos que passaram ali.

E a casa parecia diferente; agora o ambiente estava agradável. Angélica exclamou:

– Até parece que esta casa está mais bonita e alegre!

E ela tinha razão.

capítulo 7

A história de Angélica

Dias depois, Angélica teve de ir ao médico e fazer exames. Os pais a acompanharam. Ficaram hospedados na casa da avó materna.

Após fazer todos os exames, Roberto retornou, tinha de trabalhar. Dinéia ficou com a filha e aproveitou para fazer algumas visitas a amigos e parentes, e também a clientes.

Angélica não teve ânimo para sair, estava com medo e ansiosa. Aflita, esperou os resultados. Reviu algumas amigas e recebeu visitas. Estava calada e esforçava-se para não ficar triste ou para que a notassem preocupada. Carmelo as acompanhou; gostava de Angélica, e quando ela orava ele lhe dava fluidos, transmitindo-lhe boas energias.

Por dias esperaram o resultado. Carmelo a observava: tão jovem e já passara por uma experiência difícil. Pediu aos seus orientadores na colônia para saber o porquê da doença e teve permissão para conhecer a história de Angélica.

Na encarnação anterior, certamente com outro nome, mas que vamos continuar a chamá-la de Angélica, porque nome não importa, é designação para ser reconhecido numa existência. Morava numa cidade pequena do interior. Filha de pais pobres, mas muito honestos, tinha muitos irmãos. Estudou só três anos na escola, mas gostava de ler, era romântica e esperava encontrar seu príncipe encantado, um jovem bonito, inteligente, que a amasse muito. Sonhava idealizando-o.

Mas seu pai a prometeu em casamento para um filho de seu amigo. Não a obrigou a casar, mas tudo fez para que se encontrassem, saíssem juntos. Marcílio não era nada parecido com o que ela idealizava. Não era feio, mas também ela não o achava bonito. Mais velho que ela treze anos, era responsável, simples e nada romântico. Foi envolvida e quando deu por si, estava noiva, de casamento marcado.

— Mãe — queixou-se ela —, não sei se o amo e se quero me casar.

— Ora, filha, você já tem dezesseis anos, está namorando há oito meses e ele é bom, tem ótimo emprego e gosta de você. O que quer mais? Largue de ser bobinha, o amor não existe, só se quer bem. Com os anos você aprenderá a gostar dele.

Angélica chorou muito, não sabia o que fazer; deixou-se levar, e tudo que marca data chega; o dia de seu casamento chegou e casaram-se numa cerimônia simples.

Ela tentou adaptar-se, cuidava do lar da melhor maneira possível; um ano depois nasceu seu filhinho, e quando ele fez dois anos nasceu o segundo. Eram dois meninos lindos, fortes e sadios.

Marcílio era maquinista, trabalhava dirigindo trens, viajava muito, e Angélica ficava muito sozinha, dedicando-se muito aos filhinhos.

Devido ao trabalho do esposo, tiveram de mudar para uma cidade um pouco maior, mas não longe da qual moravam seus pais.

Acostumou-se logo nessa cidade. Embora o marido se ausentasse muito, fez amizade com os vizinhos, moravam em casa da companhia, todos ali trabalhavam na via férrea.

Um dia ela, deixando os filhos com uma vizinha, foi fazer compras. Costumavam muito trocar favores assim. Ao passar por uma rua calçada de paralelepípedos, tropeçou, não caiu, mas uma das sacolas esparramou frutas pelo chão. Um homem foi solícito em ajudá-la. Seguraram a mesma laranja e se olharam. Por segundos ficaram parados, encantados um com o outro. Com tudo novamente na sacola, o homem, que era jovem como ela, apresentou-se:

— Bom dia, sou Fábio, moro há pouco tempo na cidade. Muito prazer! Machucou-se?

— Bom dia! Não me machuquei. Obrigada por me ajudar. Chamo-me Angélica.

Ficaram parados se olhando, sem coragem de se afastar. Mas foi ela que, dando um sorriso, afastou-se.

Bastaram esses poucos minutos para se apaixonarem, ou melhor, achar que estavam enamorados; um só pensava no outro.

Angélica, envergonhada, não conseguia esquecê-lo, era o príncipe com quem sempre sonhou. Tentava prestar atenção nos filhos, nos serviços de casa, mas não adiantava, ficava pensando nele o tempo todo. Começou a sair mais, na esperança de revê-lo. E o viu perto do armazém em que fazia compras. Ela estava com os filhos e então só se olharam. Perguntou ao dono do armazém quem era aquele rapaz.

— É um forasteiro. Trabalha no correio, no escritório, é casado e tem filhos. É meu cliente também, parece ser direito, paga-me direitinho.

Ela quis ir no correio, porém tinha vergonha; mas justificou-se, pois lá era um lugar público e tinha cartas para postar. Começou a escrever para as antigas amigas e parentes, passou a ir muito ao correio. Às vezes o via e olhavam-se.

Meses depois do primeiro encontro, do tropeção, Angélica recebeu um bilhete. Um garoto bateu à sua porta.

— Senhora, vim lhe entregar isso!

Colocou na sua mão um papel dobrado e saiu correndo. Angélica fechou a porta, abriu o bilhete com o coração disparado. Leu e releu inúmeras vezes.

"ANGÉLICA, VENHA ENCONTRAR-SE COMIGO. NECESSITO CONVERSAR COM VOCÊ. HOJE À TARDE, ÀS QUINZE HORAS, NA CASA ABANDONADA DO MORRO. POR FAVOR, VENHA.

FÁBIO."

O papel parecia queimar suas mãos.

"Não devo ir! Não posso! Mas o que será que ele tem a me dizer? Não temos nada a falar. Mas o que tem de mais conversar? É só um encontro. Acho que vou..."

Decidiu ir, o esposo estava fora, só voltaria no outro dia, à noite. Pediu à vizinha para ficar com os filhos, arrumou-se, sem, entretanto, chamar a atenção, e foi ao encontro.

Teve de andar por quase meia hora. O local escolhido para o encontro era afastado da cidade, ia pela estrada e depois por um atalho, e lá estava a casa abandonada que ficava a alguns metros de um grande lago. Por ali não havia movimento, o lago era mais frequentado do outro lado, onde se faziam piqueniques e pescadores tentavam pescar.

Com o coração batendo forte, ela chegou perto da casa.

– Angélica! Por aqui! Que bom que veio!

Fábio pegou na mão dela, conduziu-a para dentro da casa, convidou-a a sentar-se num banco limpo de madeira e, ao lado, no chão, em uma garrafa, havia flores muito bonitas.

– Trouxe flores para você... – disse Fábio.

– Como entrou aqui? A casa não fica trancada? – Perguntou Angélica.

– Fica, fiz uma chave. Antes de ter o emprego no correio, fui chaveiro. Vou esconder a chave no canto direito do telhado, se você precisar vir aqui, é só pegá-la. Também limpei a casa na esperança de que viesse.

Ficaram quietos se olhando.

– Angélica, amo você, não consigo esquecê-la.

Bastou isso para ela se deixar ser abraçada e beijada. Entregaram-se à paixão. Depois Angélica viu que ele preparara tudo, em um dos quartos da casa havia um colchão no chão. Envergonhou-se, mas se sentiu feliz.

– Por favor, venha mais vezes, amo-a! – Pediu ele.

Combinaram de se encontrar sempre que possível. Teriam de ter cuidado, eram casados. Ela não iria mais tanto ao correio para evitar comentários. Encontrar-se-iam naquela casa durante a semana, em que o lago não era muito visitado e quando Marcílio estivesse fora.

Angélica tinha consciência de que o que fazia não estava certo. Tentou ser como sempre, mas depois de ter conhecido Fábio era quase insuportável a presença do esposo. Amava Fábio como em seus sonhos imaginava amar seu príncipe encantado. Não conseguia ficar sem vê-lo e tudo fazia para se encontrar com ele. Deixava muito os filhos com as vizinhas, mas também os deixava trancados em casa. Encontravam-se, às vezes, à noite, deixando os meninos dormindo. Saía escondida de casa, andava no escuro, às vezes tinha medo, mas a ânsia de ver seu amado era maior. Fábio mentia à esposa, dizendo que tinha de trabalhar à noite. Temendo que os vizinhos desconfiassem, por vezes levava os filhos e os deixava brincando fora da casa, enquanto ficava com Fábio lá dentro. Sabia que era perigoso, mas mesmo assim os deixava.

Reconhecia que estava agindo errado, por vezes quis terminar, mas não tinha coragem. Amava realmente Fábio.

E foi num desses encontros em que levou os filhos, deixando-os fora da casa, que, ao sair, não os encontrou. Procurou-os. Fábio até ajudou, mas logo parou, desculpou-se, tinha de ir embora. Angélica ficou sozinha, gritou por eles. Com medo, foi à beira do lago, viu uma sandalinha na margem e marcas de pezinhos na terra, como se estivessem entrando na água. Desesperada, sem saber o que fazer, começou a chorar.

"Vou para casa, talvez eles tenham ido para lá. Sabiam o caminho, vieram muitas vezes. É isso, eles foram embora."

Esperançosa, começou a correr, mas a casa estava vazia, nada dos filhos. Com o seu choro, as vizinhas correram. Ela falou às amigas que, prestativas, foram ajudar.

– Levei-os para passear no lago, distraí-me e eles sumiram.

– Distraiu-se com ele, não é? Com seu amante! – Disse uma das vizinhas, e Angélica entendeu que muitos já sabiam.

Mas elas a ajudaram, saíram procurando-os. Como não os encontraram, concluíram que eles foram para o lago e se afogaram. Escureceu e as buscas pararam; telegrafaram para Marcílio, informando-o. Angélica foi sedada para ficar na cama, dormiu e acordou quando começara a clarear, estava desesperada. O marido havia retornado, só a olhou, ela entendeu que ele já sabia de tudo, mas não falou nada. Saiu com os outros; iriam mergulhar no lago para ver se achavam os garotos. Ela ficou em casa sozinha, não sabia o que fazer, as vizinhas a olhavam, reprovando-a. Uma delas até falou:

— Mãe desnaturada! Não merece ser mãe! Se queria se prostituir, que não arriscasse a vida dos filhos! Se eles estiverem mortos, você que os matou, é a culpada!

Todas a olharam, concordando. Ela entrou em casa e ficou sozinha. Era de tarde quando escutou:

— Acharam os dois mortos no lago, afogados.

Sentiu uma dor tão forte que desmaiou. Acordou com o esposo lhe dando tapas no rosto.

— Acorde! Venha ver nossos filhos mortos! Morreram por sua imprudência! Nem sinto a dor de um marido traído. Culpo-a! Você deveria ter ido embora com ele, mas não arriscado a vida de dois inocentes. Desprezo-a! Eu poderia matar você, todos entenderiam, nem seria preso. Mas prefiro que você viva e morra aos poucos de remorso, esta dor dói mais. Nem vontade de bater em você tenho. Vamos, vista-se! Vamos ver nossos filhos mortos, vou enterrá-los, não dá para esperar mais. Logo escurecerá!

Marcílio estava cansado, abatido, sofria muito. Angélica trocou de roupa, parecia alheia, não chorou, acompanhou o marido, caminhou ao seu lado e foram ao cemitério. Os filhos estavam lado a lado em caixões brancos. Um de quatro anos e o outro de dois, logo ia fazer três anos. Lágrimas escorreram pelo rosto dela, ficou quieta ao lado dos caixões.

Havia muita gente, curiosos e parentes que vieram. Ninguém a cumprimentou, só o esposo foi acalentado. Angélica não soube dizer quanto tempo ficou ali, fecharam os caixões e os enterraram. Quando terminou, uma de suas irmãs chegou perto dela.

— Vamos para sua casa!

Caminhou, parecia que não era ela, estava atordoada. Sentaram-se na sala. Marcílio falou:

— Vou embora, mudarei para outra cidade. Desocuparei a casa e levarei todos os móveis. Certamente irei sozinho. Estou sofrendo muito.

Angélica ouviu palavras de consolo dirigidas ao marido. Não levantou nem os olhos, ficou quieta. Marcílio voltou a dizer:

— Quero dizer, com vocês aqui presentes, parentes meus e dela, que não quero mais Angélica, que a enxoto! Vá embora, Angélica! Fora desta casa honrada à qual não soube dar valor, que desonrou!

— Entendo você, Marcílio, e peço-lhe desculpas! Você está certo! Angélica deve sair daqui e esquecer que teve família, porque não a tem mais. Se tive uma filha que se chamava Angélica, esta morreu e a enterramos com meus netos.

Escutou seu pai, e uma irmã, que estava ao seu lado e puxou-a pelo braço.

— Anda! Vá embora!

Angélica levantou-se, olhou para a mãe, trocaram um olhar por segundos, a mãe baixou os olhos, ela saiu. Fora da casa estavam algumas vizinhas que a olharam, aprovando a atitude do marido. De cabeça baixa afastou-se da casa, e, como se fosse atraída, dirigiu-se à casa abandonada. Entrou, sentou-se no colchão no chão e ali ficou até que, cansada,

103

dormiu. Acordou com a claridade. Lembrou-se de tudo e chorou muito. Estava fraca, não se alimentava havia muitas horas. Levantou-se foi ao lago; tomou água, voltou para a casa e ficou quieta. Olhou o lugar, ali fora tão feliz, lugar de seus encontros, de seu erro, que resultou na morte de seus filhos. Ela pedia sempre a eles para não se afastarem, para não se aproximarem da água, eles eram obedientes, não entendia o porquê de eles terem ido. Talvez quisessem brincar, entrar na água. Mas agora não tinha mais importância, estavam mortos.

Lá estava o vão da porta, o esconderijo onde ela e Fábio haviam combinado deixar bilhetes. Enfiou a mão no vão e lá estava um papel.

"ANGÉLICA, SINTO MUITO O QUE ACONTECEU. SOFRO POR VOCÊ. DESPEÇO-ME. VOU EMBORA COM MINHA FAMÍLIA PARA LONGE. REFAÇA SUA VIDA. NÃO VOU ESQUECÊ-LA, SUA LEMBRANÇA ESTARÁ SEMPRE COMIGO. ABRAÇO-A.

FÁBIO."

Rasgou o bilhete e, vendo um fósforo, colocou fogo no papel.

Entendeu-o, não lhe guardaria mágoas. Ela o amaria para sempre. Achou certo ele ir embora, tinha filhos e estes deveriam ter o pai por perto para os proteger. Ela não teria mais os seus para amar, não soubera cuidar deles. Ambos foram culpados, mas ela foi mais. Sentiu-se muito só, queria os filhos e chorou.

— Angélica!

Era uma de suas vizinhas, que colocou as mãos em sua cabeça.

— Trouxe o que comer, calculei que estaria aqui. Coma!
— Não tem nojo de mim?
— Por que teria? Vim escondido, não quero que saibam. Se meu marido souber é capaz de me surrar. Até que entendo você, casou com um homem bem mais velho, que não lhe deu atenção, estava longe da família. Aí encontrou um homem jovem como você e foi uma tentação. Só não entendo por que você deixou os filhos aqui soltos, se era perigoso. O que você vai fazer agora?
— Não sei! Quero morrer!
— Não faça isso, por pior que seja seu sofrimento, não será um terço se você se suicidar. Além do que, seus filhos, os dois anjinhos, foram para o céu e você irá para o inferno. Seu marido está mudando, falou que vai deixar suas roupas, vou pegá-las para você, amanhã as trarei. Angélica, perto daqui tem um convento que abriga mulheres perdidas que querem se recuperar. As freiras são boas, abrigarão você até que arrume para onde ir. Vou para casa, mas amanhã eu volto, espere-me aqui. Não faça nenhuma bobagem, me prometa!
— Prometo! — Respondeu Angélica, suspirando.

O alimento lhe deu mais força. Ficou na casa, mas estava apática e muito triste.

"Não sou digna de ser mãe. Matei meus filhos! Sou culpada!"

À tardezinha foi ao lago, tomou água, encheu uma garrafa; olhou para as águas, o lago estava calmo, tranquilo.

"Nem parece que foi aqui que meus filhos morreram. Nessas águas paradas, parecendo um enorme espelho. São traiçoeiras, assassinas. Não! Não posso colocar a culpa no lago, só eu sou culpada. Poderia entrar e me afogar, mas sei nadar. Será que o desespero do afogamento não me faria sair nadando? Desespero da morte! Será que meus filhos sofreram muito ao morrerem? Não quero imaginar seus rostinhos lindos tentando respirar. Não sou digna de morrer. Como meu marido disse, devo ficar viva e sofrer, mereço. A morte seria um alívio que não mereço."

Voltou para a casa; a noite trouxe a escuridão, então sentiu-se ainda mais sozinha.

"Vou ser sempre só! Essa dor será minha companheira..."

Dormiu, sonhou com os filhos, acordou sorrindo, chamando por eles, mas logo recordou tudo e chorou muito. Não saiu da casa, teve medo de que alguém a visse. À tardinha, a vizinha voltou.

— Angélica, seu marido foi embora, peguei suas roupas e as trouxe. Coma este alimento e parta já daqui.

— Por quê?

— Quando peguei suas roupas, as pessoas desconfiaram, ficaram observando-me. Creio que sabem que eu as trouxe para você. Eles estão revoltados e é melhor sair já daqui. À noite, quando estiver sozinha, eles podem maltratar você!

— Não mereço?

— Acho que não. Você sofre muito. Mas elas também não merecem fazer, impensado, algo de mau. Você entende? Elas são pessoas boas, comuns, só que podem querer fazer justiça, estão revoltadas. Por favor, vá embora!

— Vou para o convento!

— Vamos juntas até o atalho, de lá você vai para a outra cidade. Ande à noite e esconda-se de dia.

Foram caladas. Ao se separarem, Angélica lhe falou:

— Só Deus para lhe pagar! Obrigada! Espero que eles não fiquem com raiva de você por isso!

— Tudo passa, Angélica! Lembre-se disso!

Angélica caminhou a noite toda, queria distanciar-se da cidade; pela manhã, descansou escondida, sua água acabou. Dormiu um pouco embaixo de uma árvore; à tarde recomeçou a andar. Seguiu descansando e andando, de madrugada encontrou água, tomou-a, armazenou na garrafa e continuou andando. Chegou ao convento quando já havia amanhecido. Uma irmã a viu, ajudou-a e ela pediu abrigo. A madre superiora veio conversar com ela.

— Você então é a jovem mãe que descuidou dos filhos para se encontrar com o amante, e eles se afogaram no lago. Pode ficar conosco, vamos ajudar você.

Descansou aquele dia, no outro foi trabalhar na horta, o serviço pesado a fazia se cansar e o cansaço parecia amenizar sua dor. Quase não conversava. Era convidada a orar, mas se achava indigna de fazê-lo. Ficava escutando as bonitas orações que as freiras faziam.

O tempo passou, quase três anos; ninguém a visitou nem ela soube de seus familiares. Compreendeu que havia morrido para eles. Era uma pessoa triste, não conversava, só respondia quando era indagada; sentia muita saudade, e grande era o seu remorso. Uma irmã, já velhinha, chamou-a para uma conversa:

— Angélica, aqui você está excluída, não tem amigos, não fala com ninguém, precisa esquecer o que ocorreu, recomeçar sua vida.

— Minha vida acabou, estou viva porque não sou digna de morrer – respondeu ela.

— Não fale bobagem! A morte chega para cada um na hora certa. Filha, temos longe daqui mais dois conventos: um é orfanato, outro, asilo. Vá ser útil, cuidar de outras pessoas; verá muito sofrimento, amenizará dores e terá a sua suavizada.

– Asilo, prefiro cuidar de idosos!

Assim Angélica foi; viajou dias de trem e chegou ao asilo. Não se tornou freira, ficou como se fosse uma empregada sem remuneração. E realmente aquela sábia irmã tinha razão. Viu muita tristeza, afeiçoou-se aos idosos, trabalhou muito e os dias passaram rápidos. De fato, ela suavizou sua dor ao ajudar o próximo. Deixou de ser triste e a saudade já não doía tanto.

Lembrava-se de Fábio, seu grande amor, às vezes até culpava-o, mas entendia, ele tinha filhos, talvez não quisesse ser responsável pela infelicidade deles, não podia largá-los para ficar com ela. O marido até que foi generoso e sua família teve motivos para desprezá-la. Pensava muito nos filhos, como estariam se não tivesse acontecido o acidente? O remorso é dor forte, e ela sofreu muito. De uma coisa teve certeza: nunca mais teria filhos, não era merecedora.

Passou mais de vinte anos trabalhando no asilo, era bondosa, atenciosa, e os velhinhos a amavam. Com quarenta e oito anos ficou doente, passou vários meses no leito, as irmãs cuidaram dela, sofreu sem reclamar e desencarnou tranquilamente numa manhã de domingo.

Fez muitos amigos; muitos idosos do asilo que haviam desencarnado vieram socorrê-la e foram muitas as orações de gratidão por ela.

Socorrida, logo estava sadia e trabalhando, sendo útil. Soube de todos, os filhos reencarnaram, estavam bem, o marido teve outra companheira e outros filhos. Fábio continuou com a esposa, foi bom pai. Sua família estava bem; os pais haviam desencarnado, ela os visitou, eles se reconciliaram. Ficou anos desencarnada e foi convidada a reencarnar.

– Angélica, você voltará ao plano físico, mas não deve continuar pensando que não é digna de ser mãe, poderá com isso danificar, pelo remorso, seu órgão reprodutor.

– Não consigo, não quero ter filhos. Tenho medo de errar, de não cuidar deles.

Por mais que lhe falassem, Angélica não conseguiu superar e reencarnou.

Carmelo ficou pensativo e saudoso ao saber da história dela e concluiu:

"É, Angélica, você não terá filhos nesta reencarnação, mas confio que será uma grande mãe!"

Teve a certeza de que são muitas as causas que levam a uma mesma reação. São muitos os motivos que deixam as pessoas sem poder ser pais.

***

Os exames ficaram prontos, deram negativo, o médico sorriu, contente.

– Angélica, o perigo maior já passou, você está curada!

Ficou feliz e orou agradecendo a Deus. Ela e a mãe voltaram contentes à Casa do Penhasco, estavam saudosas, e Angélica ansiava por rever o namorado. Sentiu-se sadia e todos se alegraram.

capítulo 8

A brincadeira do copo

Durante a viagem dos pais com Angélica, Henrique voltou a dormir no seu quarto. Ficaram só os três; Nena, Fabiana e ele, na casa. Não tiveram medo, e o garoto não viu nem ouviu mais nada de anormal. Estava feliz, e ficou mais feliz ainda com a notícia do resultado dos exames da irmã.

Dois dias depois que retornaram, Dinéia achou que era o momento de Nena se explicar. Reuniram-se após o jantar na sala de estar e convidaram Nena a falar. Dinéia pediu:

— Nena, acho que nos deve uma explicação. Não quer nos dizer o que ocorreu?

A empregada suspirou, acomodou-se no sofá, olhou para todos, acenou com a cabeça e começou a narrar.

— Quando vim trabalhar com vocês, ninguém me indagou sobre isso; não que esse fato justifique o que fiz; arrependo-me e lhes peço perdão. Dona Dinéia me perguntou se eu era solteira, respondi que sim, e sou, não me casei. Foi após quatro anos que falei das visitas que fazia, o porquê de sair só às tardes de domingo. Contei que ia à penitenciária, foi aí que menti, falei que Antonio era meu irmão e não que era meu companheiro.

Nena calou-se e Roberto motivou-a.

— É melhor nos contar tudo, Nena.

— É o que vou fazer, e agora sem mentir. "Fui criada num orfanato, fui para lá recém-nascida. Nunca soube quem eram meus pais. Quando fiz dezoito anos, arrumaram-me para ser empregada doméstica numa casa de família, dormia no emprego. Fui e tratei de fazer tudo direito, mas o filho de minha patroa começou a me importunar, tinha medo dele, foi um período difícil, sofri muito. Foi então que conheci Antonio, que trabalhava na padaria em que eu comprava pão. Começamos a namorar e contei-lhe o que se passava no meu emprego, ele se preocupou. Por ali, pela vizinhança, todos conheciam esse moço, o filho de minha patroa; era briguento, farrista e mulherengo, mas os pais o achavam um filho exemplar, não acreditavam em nada que lhes diziam dele.

Um dia, quando meus patrões saíram, ele quase me pegou. Saí correndo e fui à padaria. Antonio me fez uma proposta.

'Não volte para lá, Nena, venha comigo. Venha morar comigo. Minha casa é simples, um barraco, mas lá você será respeitada. Gosto muito de você e quando puder, casaremos.'

Fui, Antonio me respeitava, era carinhoso. Dias depois fui buscar minhas roupas e passamos a morar juntos como se fôssemos casados. Antonio ganhava pouco e eu passei a ajudá-lo, trabalhava fazendo faxina duas vezes por semana na padaria e ajudava uma vizinha a fazer doces, mas era difícil, vivíamos com dificuldades, porém, amávamo-nos cada vez mais. Até que..."

Nena parou de falar, todos continuaram quietos, até que Roberto pediu:

— Continue, Nena. O que Antonio fez para ir para a prisão? A história que nos contou não é a verdadeira, não é?

— Falei a vocês que Antonio tinha dado um desfalque na fábrica em que trabalhava, que nossos pais tinham morrido e que vivíamos nós dois sozinhos, que ele fora envolvido e tirou dinheiro da firma, foi descoberto e preso. Isso é mentira! Antonio continuava trabalhando na padaria e começou a conversar com alguns vizinhos que não procediam bem. Implorei-lhe para não os ter como amigos.

"'Nena – falou ele –, converso com todos por aqui. Eles não são tão maus como se fala. Mas os deixemos para lá, não se aborreça por isso. Você está cansada? Não queria que trabalhasse tanto, queria lhe dar mais conforto. Estou pensando em fazer um negócio. Se der certo, iremos mudar de cidade e moraremos numa casa e lhe darei roupas bonitas.'

'Antonio, não sonhe, estou bem aqui, sou feliz!'"

Achei que ele sonhava e que isso não fazia mal algum. Mas Antonio se envolveu com os vizinhos e fizeram um assalto, que resultou em um assassinato, na morte de um vigia. Numa sexta-feira à noite, eu pensei que ele iria trabalhar. Antonio com mais três foram assaltar uma fábrica, o vigia conseguiu chamar a polícia, enfrentou-os e foi morto. Eles foram presos. Acusaram Antonio, que no começo negou ter atirado, mas os outros afirmaram que era ele o assassino, e ele depois confessou e ficou preso. Sofri muito. O dono da padaria não me quis mais como faxineira. Fiquei só e sem dinheiro. Antonio foi julgado e condenado. Por falta de pagamento fui despejada e aluguei um quartinho em outra favela. Foi então que uma senhora que morava perto do meu quarto me arrumou emprego com vocês. Nunca deixei de visitar Antonio. Ele sempre me afirmava:

'Nena, só participei do assalto, não atirei em ninguém, se tivesse dado certo, nós iríamos embora, melhoraríamos de vida.'

'Antonio, eu lhe falei muitas vezes que estava bem. Não ia viver com dinheiro roubado; se o assalto tivesse dado certo, eu largaria você. E agora? Estamos separados.'

E foi uma antiga vizinha que me contou o que acontecera de fato. Que foi um deles quem atirou no vigia, mas chantagearam Antonio; se ele não mentisse dizendo que tinha atirado, o grupo me pegaria e torturaria até a morte. Como ele sabia que o grupo era grande e que realmente seriam capazes de fazer isso, e que eu não teria ninguém para me defender, ajudar, ele confessou. Antonio arrependeu-se, mas pagou caro por seu erro. O tempo passou, não tinha como desmentir, não tínhamos dinheiro para contratar um bom advogado e temíamos a vingança deles. Ele continuou preso, e eu com vocês. Sentia-me mal com a situação, não queria ter mentido. Gosto de vocês e sou grata. Lembro-me do dia em que dona Dinéia me convidou:

'Nena, temos esse quartinho, é pequeno, mas se quiser morar aqui será bem-vinda.'

Vim e foi muito bom para mim, não gostava do quartinho do barraco, pagava caro e era desconfortável. Com vocês, sentia-me em casa, o quarto era limpo, a cama boa, estava ótimo. Passei a amá-los como minha família, como a família que não tive."

Nena fez outra pausa, ninguém falou nada e ela continuou, finalizando:

— Agora, Antonio está para conseguir a liberdade condicional e queremos ficar juntos. Gostaria tanto que ele viesse para cá, ficaria no meu quarto, é tão grande. Poderá trabalhar de jardineiro, já que o senhor Olegário nos avisou que logo não trabalhará mais porque irá aposentar-se.

— Nena, o que nos contou é sério. Temos de pensar no assunto para resolvermos. Vamos conversar e lhe daremos uma resposta logo — disse Roberto.

Nena demonstrou que concordava balançando a cabeça, despediu-se e foi para seu quarto.

— Que história triste! — Exclamou Angélica.

— Que irá fazer, papai? — Indagou Fabiana.

— Amanhã mesmo vou checar se é verdade isso tudo. Tenho os dados de Antonio, vou ver se consigo falar com o diretor da penitenciária e pedir informações sobre ele. Depois voltaremos a conversar e juntos decidiremos — respondeu Roberto.

— Não é fácil ter um ex-presidiário trabalhando com a gente. Também não podemos esquecer que morará conosco — falou Dinéia.

— É por falta de oportunidade que muitos não vencem na vida, retornam à prisão. São libertados e não acham trabalho, algo honesto para fazer — falou Henrique. — Poderemos tentar, observá-lo, e se ele não corresponder à confiança, mandarmos ele embora.

— Tenho medo de pessoas que foram presas. Mas se Nena o ama, e esses anos todos ficou à sua espera, deve ter seus motivos, ela é tão boa! — Ponderou Fabiana.

— Assim que falar com o diretor da casa de detenção, voltaremos a conversar sobre o assunto.

À noite do dia seguinte, a família reuniu-se novamente e Roberto falou:

— Telefonei para a penitenciária e o diretor foi muito gentil comigo; confirmou o que Nena disse. Antonio é uma pessoa boa, se diz inocente do crime, e que só participou do assalto. O diretor acredita nisso. Trabalha na cozinha, está sempre ajudando os companheiros, é querido por todos e nunca deu problema. O diretor também gosta dele.

— Isso é bom! Sendo assim, podemos tê-lo conosco — falou Angélica.

— Não sei, ainda tenho medo, moramos afastados e temos as meninas. Creio que ficarei preocupada — opinou Dinéia.

— Eu acho que temos de dar uma oportunidade, depois Nena merece. Vamos fazer uma votação. Qual a sua opinião, Angélica? — Perguntou Roberto.

— Eu voto a favor. Por Nena, devemos aceitar Antonio, se não der certo, veremos depois o que fazer — respondeu Angélica.

— Eu penso como Angélica — disse Fabiana. — Gosto muito de Nena e por ela devemos aceitar Antonio como empregado.

Henrique levantou-se e falou:

— Eu gosto de Nena! Quero-a por perto! Voto a favor e ganhamos: Antonio poderá vir, e eu vou dar esta notícia a ela, que está ansiosa. Posso? Nena!

Como a mãe concordou, Henrique saiu da sala gritando, e logo voltou puxando Nena pela mão e falou, entusiasmado:

— Nena, a família concordou, você pode trazer Antonio para cá, trabalhará conosco e, melhor, ele ficará juntinho de você. Não é ótimo?

— Esperamos que dê certo, que ele seja uma pessoa boa e que não venhamos a nos arrepender — disse Dinéia.

— Se eu notar que Antonio possa fazer ou pensar em agir errado, serei a primeira a querê-lo longe daqui. Gosto de vocês. Obrigada e, novamente, desculpem-me. Nunca mais mentirei! Vou lhe escrever hoje mesmo dando a boa notícia.

Dois meses e meio depois, Nena estava eufórica: Antonio sairia da prisão.

– Nena – disse Roberto –, ganhei cinco dias da diária desse hotel, não é longe daqui, mas muito agradável. É para um casal e, como não podemos ir, queremos, Dinéia e eu, dar a você e ao Antonio. Vá buscá-lo na penitenciária e vão para o hotel, vocês merecem passear, ficar juntinhos, conversar e namorar.

– Tire folga quantos dias quiser, Nena – disse Dinéia.

Nena chorou emocionada. Com suas economias comprou roupas para Antonio e resolveu que ficariam sete dias passeando.

E assim fez. Quando retornaram, todos gostaram de Antonio. Era simples, quieto, educado, evitava todos, só respondia quando indagado e passou a trabalhar bastante. Nena passou a fazer as refeições com ele na cozinha. Roberto o chamou para uma conversa:

– Antonio, gostamos muito de Nena, sentimo-nos até responsáveis por ela; espero que você não lhe dê desgosto e que seja digno da confiança que estamos depositando em você. Não posso lhe pagar muito, mas vou registrá-lo para que tenha emprego fixo. Terão onde ficar e o que comer.

– Senhor Roberto, agradeço por tudo. Sou duas vezes grato por quererem bem à minha Nena e por me darem esta oportunidade. O senhor não terá queixas de mim.

E realmente não tiveram. Nena estava muito feliz e os dois se entendiam, amavam-se. Antonio passou a fazer o serviço do senhor Olegário, que se aposentou, e também todo serviço pesado da casa, não precisando mais de faxineira.

Antonio era um mulato forte, trabalhador, e logo fez amizade com Henrique.

– Antonio – disse o menino –, embora você sorria muito, tem uma tristeza no olhar.

– Henrique, esses anos passados na prisão foram muito difíceis, nunca vou esquecer, foi muito triste, muito sofrido. Você não pode imaginar o que é ficar preso, confinado num espaço pequeno e tendo de conviver com pessoas diferentes.

– Tudo isso passou, Antonio – respondeu Henrique, animando-o. – Agora você e Nena poderão ser felizes.

– Mas perdemos muitos anos de nossa vida separados! Como me arrependo por ter-me envolvido com más companhias. O erro não compensa! E pagamos por ele bem caro – falou Antonio.

– Esqueça, Antonio, inicie vida nova. Você gosta daqui?

– Gosto muito, espero nunca ter de sair daqui! – Respondeu Antonio.

De fato, o companheiro de Nena gostou do lugar, pelo que ela já lhe falara, amava aquela família e aproveitou a oportunidade que eles lhe deram. Roberto não se arrependeu de ter dado emprego a ele, que logo se tornou amigo de todos da casa.

Iniciou-se o ano letivo e Angélica voltou a estudar. Ia cursar o terceiro ano do ensino médio. Ela e Fábio namoravam firme e o moço tinha planos de se casar logo.

Fabiana namorava Leco, e Henrique tinha muitos amigos. Dinéia trabalhava muito, todos estavam bem e contentes.

O entusiasmo que tiveram a respeito do Espiritismo foi passando; Dinéia dava desculpas para não ir ao centro espírita,

Roberto, sem ela, começou a escassear suas idas, Fabiana quase não ia, e Henrique, sentindo-se bem, também foi faltando. E desculpas sempre se têm: ora era porque chovia, estava frio, muito calor, tinha de estudar, trabalhava muito, estava com tosse; etc. Mesmo o Evangelho no Lar era Angélica que forçava e fazia; às vezes não conseguia reunir todos.

Foi ela a única a estudar assiduamente o Evangelho, e Fábio gostou muito da Doutrina. Até comentava:

— Parece que sempre fui espírita e não sabia; parece que os ensinamentos da Doutrina estavam dentro de mim, que os conhecia. Gosto muito porque os entendo e acho justos.

— Eu também gosto, Fábio, pois tudo que quero saber tem explicação lógica – disse Angélica.

Foi então que, na escola de Henrique, durante um trabalho em que seu grupo de estudo se reuniu no período da tarde, resolveram fazer a brincadeira do copo. Marcelo explicou como se entendesse bem do assunto.

— Isso existe há muito tempo. Usam-se pêndulo, setas, agulhas, tabuleiro etc. Mas como não temos o material, vamos improvisar, podemos fazer com o copo. Vamos usar esta cartela e colocar as letras e os números, depois evocaremos um espírito, uma alma do outro mundo para responder para nós e pronto, podemos saber o que dona Eny irá perguntar na prova de português.

— Será que isso funciona? Tenho medo de alma do outro mundo – disse Neuzinha. – O padre falou que elas não respondem e quando o fazem é o demônio.

— Que demônio nada! Ele está no inferno, é alma mesmo – falou Marcelo, garantindo. – Se tem medo, é melhor não participar, meninas são medrosas mesmo.

– Eu acho perigoso, essas almas, espíritos, podem não ter o que fazer e ficar conosco – opinou Henrique.

– Xi, você temendo como as meninas! Está com medo? Tudo bem, fique com a Neuzinha, ela lhe fará companhia.

– Não é isso – defendeu-se Henrique. – Não tenho medo, só que os espíritas que entendem do assunto não recomendam que se faça isso. Para eles, isso é brincadeira e essas evocações são assunto sério.

– Os espíritas falam com os mortos sempre que querem, por que não podemos fazer o mesmo? – Indagou Ricardo.

– Porque eles estudam para isso e nós não sabemos – falou Henrique.

– Não queira atrapalhar, Henrique. Vamos fazer, vai ser legal! – Exclamou Soraya.

Henrique ficou com receio de sair da sala e os amigos o chamarem de medroso, ficou olhando a preparação. Com tudo pronto, Marcelo disse em voz alta:

– Se tiver uma alma por aqui, um morto que possa nos responder, que venha, por favor, fazê-lo!

Cinco que participavam da brincadeira colocaram um dedo no copo, que começou a mexer com dificuldade, até que por meio das letras escreveu:

"Que Henrique venha nos ajudar."

– Vem! O copo quer você!

Marcelo puxou-o e Henrique colocou o dedo no copo, que andou rápido, respondendo a todas as perguntas e dando o número das questões que iam cair na prova. No horário de irem embora, Marcelo agradeceu e acabaram a brincadeira.

– Puxa, Henrique, você é bom nisso! – Disse Ricardo, elogiando.

Henrique não ficou tranquilo, teve aquela sensação de que estava sendo observado, resolveu esquecer e pensar noutra coisa. Sabia que fora uma imprudência participar daquele fenômeno, mas estudou mais as questões que o espírito, pelo copo, escrevera.

No outro dia, na prova de português, quatro das seis questões caíram e os garotos se entusiasmaram. Marcelo convidou-os:

— Vamos fazer hoje de novo. Às quatro horas na minha casa. Venham todos e você, Henrique, não pode faltar. Você irá, não é? Não está com medo como as meninas. Se não for, pensaremos que está. Esperamos você.

E Henrique foi, só que desta vez o espírito, por meio do copo, começou a responder a algumas inconveniências, como:

— Marcelo, Soninha não gosta de você, mas sim de Ricardo.

(Soninha era namorada de Marcelo.)

— Ricardo, seus pais vão morrer logo de acidente.

— Luíza, seu pai tem uma amante e pensa em abandoná-los.

— Um de vocês vai morrer logo.

Acabaram a brincadeira tristes.

— Marcelo, eu não tenho nada com a Soninha — disse Ricardo.

— Bem, ele falou que é ela que gosta de você — respondeu Marcelo.

— E que meus pais vão morrer — murmurou Ricardo, lamentando.

— Um de nós também — falou Luíza.

— Eu disse a vocês que isso é perigoso, espíritos bons não respondem isso. O que ele disse, o que nos respondeu, não tem lógica, isso é impossível saber. Lembro a vocês que ele só acertou quatro das questões da prova — falou Henrique.

— Ele disse que dona Eny mudou as questões depois. Pode ser – disse Serginho.

— É melhor irmos para casa – expressou-se Ricardo.

E foram, mas Henrique não estava se sentindo bem, teve um mal-estar, parecia que com ele estavam mais pessoas. Foi para casa e só piorou. Não falou nada do ocorrido em casa, sabia que seus pais iriam reprovar e com razão.

À noite ele piorou muito. Henrique teve medo, foi para seu quarto e de novo teve a sensação de estar sendo observado. Não apagou a luz, tentou rezar, mas não conseguiu. A luz do quarto apagou e uma porta bateu com força. Henrique sentiu puxarem seu lençol, então gritou.

Todos da casa correram para seu quarto. O pai chegou primeiro, acendeu a luz.

— Que foi, Henrique? O que aconteceu?

O garoto estava branco de medo.

— É que vi de novo! Aconteceu de novo! Deixei a luz acesa, apagaram e puxaram meu lençol, a porta bateu e eu gritei.

— Que porta que bateu? Também ouvi – falou Fabiana.

— Acho que foi por causa do copo – falou Henrique, encolhendo-se todo na cama.

— Que copo? Não fale bobagem, garoto – disse Fabiana.

— Brincadeira do copo que evoca espíritos? – Perguntou Angélica.

— É – respondeu o menino.

— Henrique – falou Angélica, repreendendo-o –, você não sabe que isso é perigoso? Que espíritos bons não se prestam a brincadeiras? Aposto que só responderam asneiras. E você, que tem mediunidade, não deveria ter participado. Creio que esses espíritos devem ter gostado de você e vieram para casa junto.

— Ai, meu Deus! Não quero começar tudo de novo –, falou Dinéia, apavorada. – Você, menino, merecia levar uma surra. Isso é brincadeira que se faça? Vocês não têm nada mais interessante para fazer?

— Vou pegar o Evangelho, vamos fazer uma leitura e orar. Amanhã você, Henrique, deve procurar ajuda – disse Angélica.

— Vou telefonar para o Virgílio – disse Henrique. – Agora!

— Não, de jeito nenhum – falou Angélica, determinada. – Virgílio e Silze devem estar dormindo. Não é certo. Eles nos ajudaram numa situação de emergência e nos orientaram para que não ficássemos em situação de pedintes novamente. E o que aconteceu? A não ser eu, ninguém mais se interessou pelo Espiritismo. Passou o aperto e não quiseram mais nem ir ao centro espírita. E você, Henrique, que diz ter sofrido ao pensar que estava doente, esqueceu logo da ajuda que teve, do propósito de seguir a Doutrina Espírita. Sabe que é médium, que tem energia necessária para que os espíritos possam usá-la para se manifestarem. E mesmo sabendo disso participou da brincadeira, dessa imprudência.

— É que fiquei com receio de eles pensarem que eu sou medroso como as meninas – respondeu Henrique.

— E não é? Não está com medo? – Perguntou Fabiana.

— Estou! O que faço agora? – Indagou o garoto.

— Que fique com esses espíritos só para você – respondeu Fabiana. – Eu não chamei ninguém para responder nada para mim. Quero dormir, amanhã tenho prova.

— Eu durmo com você – disse Angélica. – Mas, Henrique, você tem de me prometer que amanhã irá ao centro espírita e que voltará a frequentá-lo, e também estudará a Doutrina de novo, e que nunca mais irá brincar com algo tão sério.

— Prometo e obrigado, Angélica. Deite aqui! Vamos deixar a luz acesa.

Henrique teve medo a noite toda, dormiu muito pouco e no outro dia, na escola, no recreio, Luíza chamou os colegas.

— Meu avô é espírita e me deu uma bronca. Disse que só podia ser um espírito brincalhão para responder a tantas asneiras. Eu não vou fazer mais isso! Fiquei com medo e tive de dormir com mamãe.

— Eu discuti com Soninha — falou Marcelo. — Ela me garantiu que gosta de mim. Acho que aquele morto falou mentiras. Preocupei-me com a história de que um de nós irá morrer logo. É pena! Podia ter dado certo. Mas eu vou fazer de novo. Quem quiser participar, que vá à minha casa às quatro horas. Você vem, Henrique?

— Não! — Respondeu o interpelado, rápido.

— Está com medo? — Perguntou Ricardo.

— O avô de Luíza tem razão, eu também sou espírita e sei bem que tudo isso é brincadeira, só que perigosa. Não se devem evocar espíritos só por curiosidade, os que se prestam a isso normalmente não sabem nada e respondem o que der na cabeça. Não vou nem hoje, nem nunca mais!

Marcelo e Ricardo riram, mas não falaram mais nada. Henrique concluiu que Angélica tinha razão. Se a gente não tiver personalidade, coragem de dizer não, acabamos por fazer coisas que não queremos e que não nos convêm. Tantas pessoas, por não ter coragem de reagir, acabam fumando, bebendo, usando drogas, participando de rachas etc. É corajoso quem não tem medo de dizer não a respeito de algo que sabe que não irá dar certo.

Henrique, sendo jovem, soube decidir o que era bom para ele. Somos sempre tentados por outros a agir errado.

Cabe a nós decidir pelo que nos convém e às vezes necessitamos ter coragem para nos afastar de amigos e dizer não.

À tarde Angélica foi com ele ao centro espírita, onde recebeu passe, e o dirigente o aconselhou:

— Henrique, desencarnados mal-intencionados estão por toda parte, sempre dispostos a brincar, a sugar energias; às vezes não se aproximam por orarmos, por não estarmos na sintonia deles. Mas quando são chamados, se acham donos da situação. Você foi imprudente, é médium, agora deve estudar para quando for adulto trabalhar com sua mediunidade para o bem, para ajudar e não para brincar.

— Eles falaram mentiras, não é? — Indagou Henrique.

— Sim, responderam divertindo-se, e acharam mais graça quando acreditaram.

Uma senhora que trabalhava como médium no centro espírita e os escutava reclamou, suspirando:

— Vocês brincam e nos dão trabalho! Depois, quem recebe por incorporação esses espíritos somos nós. Estou cansada! Tenho trabalhado muito e o trabalho de ajuda aos doentes é cansativo!

O dirigente a olhou e respondeu:

— Não pensei que o trabalho fosse tão desgastante e ruim para você. De fato, o médium doa energias para ajudar os outros, mas deve pensar que recebe muito mais do que dispõe. Não é bom reclamar! A reclamação é que gasta energias e contamina a quem se doa. Você, minha amiga, deve pensar e chegar a uma conclusão e fazer o que é melhor para você. Não participar? Ou se participar, não reclamar. Porque não é bom para ninguém ter no grupo alguém insatisfeito, que acha que faz muito e que não está sentindo-se bem. Se está desgastando você muito, algo está errado, e é certamente com você. Não queremos sacrifícios, e sim doação com amor. Aprenda a trabalhar sem se queixar.

A senhora abaixou a cabeça e ficou quieta. Henrique entendeu que o dirigente falou tudo aquilo porque ela reclamou perto deles e também porque ele necessitava da lição, porque estava com vontade de reclamar. Guardaria o que ouviu, um dia iria participar de um grupo e para o trabalho ter um resultado positivo, cada um deveria fazer sua parte com boa vontade, com carinho, com disposição, e nada de reclamação[10].

– Três desencarnados acompanhavam Henrique e, quando ele foi tomar passe, ficaram no posto de socorro no plano espiritual do centro espírita para serem orientados na sessão de desobsessão[11] naquele dia mesmo, à noite.

Vamos agora saber o que ocorreu com os desencarnados nesse fato. Carmelo estava na casa, quando Henrique chegou da escola acompanhado pelos três desencarnados. Aproximou-se deles sem se deixar ver e os escutou. Comentavam:

– Gostei desse garoto, ele tem a energia de que precisamos. Ele é médium e pelo visto não é merecedor de ter

---

10 – Na história, o dirigente agiu assim. Creio que seria melhor ele conversar com a senhora em particular, porém acho que os dizeres seriam mais ou menos como foi. Reclamar é ruim para quem faz e para quem ouve, e pode contaminar, levar outros a pensar assim. Um trabalho, seja ele material, seja espiritual, não sai a contento com reclamações. E queixar-se pode se tornar um mau hábito. Mas acho que ele, o dirigente, assim procedeu porque também sentira que Henrique precisava também da lição, e, se não dissesse nada, o jovem iria ficar com má impressão do trabalho mediúnico, como se fosse algo aborrecido e cansativo. E não é nada disso, mas sim prazeroso, edificante, instrutivo, e faz bem ao ajudar o próximo! (N.A.E.)

11 – Desobsessão: reunião realizada para esclarecer o espírito obsessor e os que vagam, pois estes geralmente têm pouco conhecimento evangélico ou o aplicaram de forma indevida. O objetivo é que eles desistam dos seus propósitos de vingança e que sejam encaminhados para um socorro (N.E.).

um protetor para nos aborrecer e impedir que o atentemos e suguemos suas energias.

— Sugar — disse o outro, rindo —, vampirizar, prefiro dizer que somos vampiros, aterroriza mais.

— E ainda fomos chamados, não se pode dizer que somos intrusos. Estávamos quietos, só observando, e os meninos nos chamaram para responder àquelas perguntas idiotas.

— Eu até que fui olhar a prova que a professora elaborou, só não deu para observar mais porque aquela senhora desencarnada que tenta tomar conta da escola não deixou. Mas respondemos besteiras, não foi? Queria mesmo fazer todos brigarem. Adoro uma briga!

— Essa casa é bonita! Vamos ficar aqui! — Exclamou um deles, rindo.

Carmelo deixou, achou mesmo que Henrique agiu errado e que tinha de aprender a lição. Sabia o garoto o caminho para o socorro; e não lhe cabia fazer a lição de outro, e a do Henrique era que aprendesse a não brincar com algo sério. Os três não gostaram das orações nem da leitura do Evangelho, saíram do quarto e foram para a sala.

— Parece que aqui não é tão agradável como pensávamos — comentou um deles.

— Se ficarem orando vamos ter de ir embora.

— Que família chata! Aquela mocinha é desagradável, não gostei nem de olhá-la. Pelo visto, frequenta um centro espírita, se ela for dormir com o garoto não podemos mais ir lá — falou um deles.

— Às vezes sonho imaginando que não há Espiritismo. se não existisse, ia ser bom mesmo. Essa Doutrina só atrapalha! — Falou, queixando-se o outro.

Mas foi no outro dia que Henrique e Angélica foram ao centro espírita e Carmelo levou os três espíritos para lá. Foram sem saber como; é que Carmelo volitou com eles[12].

Receberam no centro espírita orientação, dois deles aceitaram a ajuda oferecida e foram viver dignamente numa escola no plano espiritual; o terceiro continuou com Marcelo e convidou outros; sempre há desencarnados para prestar esse tipo de fenômeno mediúnico. Mas com medo, não se aproximou mais de Henrique.

Poderia ter ocorrido uma obsessão se Henrique não tivesse ido buscar ajuda. E dessa vez aprendeu a lição: passou a ir ao centro espírita e a estudar.

Marcelo, dias depois, convidou Henrique.

— Venha conosco fazer o copo andar. O morto que nos responde disse que você pode ajudar a ser mais rápido.

— Você não parou com isso, Marcelo? Pois deveria. O que ele tem respondido de certo? Nada! Quase nada. Que eu responderia. Larga disso!

— Você tem é medo! — Falou Marcelo, sorrindo.

Henrique também sorriu, olhou nos olhos do amigo e respondeu, tranquilo:

— Sou espírita e não quero brincar com isso. Uma comunicação com o plano espiritual é coisa séria, que só deve acontecer por uma boa finalidade. Pessoas que trabalham não têm tempo para isso, e desencarnados bons, ativos no bem,

---

12 — Os espíritos que têm conhecimento ou mérito para isso podem volitar porque manipulam o fluido universal, que lhes permite percorrer longas distâncias em milésimos de segundo com a rapidez do pensamento. Se necessário, eles podem levar consigo outros espíritos que ainda não têm condições de volitar. Foi o que Carmelo fez, mas como os três espíritos levados por ele não sabiam o que era volitar, ficaram confusos, não entendendo como estavam na casa e, no minuto seguinte, em outro local (N.E.).

não se dispõem a responder a perguntas tolas. Eu não vou, e pode pressionar, dizer o que quiser, tenho personalidade para lhe dizer não.

— Pressionar, personalidade, que conversa chata. Parece adulto. Está bem, mas está convidado, vá quando quiser.

Ricardo ficou doente, sua mãe o levou ao médico, e, a conselho de uma vizinha, recebeu passes. Ele não participou mais. Marcelo enjoou, ele sozinho não fazia o copo andar, parou e a brincadeira foi esquecida.

Henrique, querendo aprender, indagou o orientador do centro espírita:

— Por que uns sentem mais os espíritos nessas brincadeiras do que outros?

— Os sensitivos, os que têm a mediunidade mais acentuada, sentem mais, porque os desencarnados gostam de assustar, de se fazer notar, e também porque essas pessoas são mais fáceis de serem vampirizadas. Mas mesmo os que não sentem acabam influenciados por eles.

E Henrique não teve mais vergonha de explicar a quem o convidasse para esse tipo de brincadeira que não a fizesse, que a evitasse, pois poderia sofrer consequências desagradáveis.

Novamente Carmelo os ajudou. Como Angélica tornara-se espírita, ele pediu na colônia para ser protetor dela, e foi-lhe dada permissão. Contente, ficou com a família.

capítulo 9

Carmelo

E Carmelo, quem era ele? Por que Leda, ao ser doutrinada, havia dito: "Você aqui, Carmelo?!"?

Um espírito tão dedicado, empenhado em trabalhar para o bem, em ajudar, o que fazia ali? Estaria ele envolvido na história da Casa do Penhasco?

Curiosos, indagamo-lo e Carmelo nos contou sua história.

— Exerci, quando encarnado, a profissão de comerciante, tive uma loja e com esse trabalho sustentei minha família. Fui casado, minha companheira foi uma pessoa honesta e bondosa; tivemos cinco filhos e um casamento feliz.

"Tinha um tio espírita que era uma pessoa boa, sempre disposta a ajudar a todos, e eu gostava muito dele, estava sempre me convidando para ouvir uma palestra, ler um livro edificante, e se às vezes eu lia ou ia ao centro espírita, era para agradá-lo. Achava interessante, coerente, mas não sentia necessidade de ser religioso, tudo corria tão bem para mim, estava tranquilo. Até que meu filho mais velho, Oscar, começou a me dar problemas. Ele era casado com uma moça muito boa e tinha duas filhas pequenas, quando conheceu Leda e tornou-se amante dela.

Ele tinha um bom emprego, ganhava bem, mas, apaixonado de modo doentio, não pensava noutra coisa a não ser nela. Começou a faltar no trabalho e a fazer seu serviço distraído. Pensei que estivesse doente; conversei com ele, que me garantiu estar bem. Mas acabei por descobrir que ele estava encontrando-se com uma mulher casada, com Leda. Voltei então a ter uma conversa séria com ele, que não negou e afirmou que estava apaixonado e que não conseguia deixá-la.

Vendo-o gastar muito, começar a fazer dívidas, porque dava muitos presentes a Leda, tentei novamente chamá-lo à razão. Ele foi bruto comigo. Então resolvi falar com ela, fui envergonhado até a Casa do Penhasco. Leda me recebeu curiosa. Quando me identifiquei, ficou séria e resmungou:

'O papai veio verificar o que o filhinho está fazendo? Não acha que Oscar é adulto? Ou o senhor veio ver se o que ele está fazendo vale a pena? Gostou? Só que eu não sou para você, é velho demais para meu gosto.'

Creio que fiquei vermelho, minha vontade era dizer alguns desaforos a ela. Por segundos comparei Leda com minha nora, a esposa de Oscar. Leda era vistosa, arrogante, cínica, bonita, mas muito enfeitada, enquanto minha nora era simples, sorriso cativante, era honesta e também bonita. Não conseguia entender o fato de meu filho querer Leda e não a esposa. Esforcei-me para me controlar, queria livrar meu filho dela e tentei ser gentil.

'Não, mocinha, não estou interessado em você, embora reconheça que é muito linda. Sou pai, amo meu filho, minha família, é por esse amor que venho aqui. Oscar é casado, tem duas filhas e está sendo inconsequente, agindo errado, e eu estou preocupado e vim lhe pedir que o deixe.'

'Não tenho nada com as coisas erradas que ele está fazendo, nem quero que ele largue a família, porque eu não vou separar-me do meu marido. Estamos, Oscar e eu, só nos divertindo juntos.' – Falou Leda, sorrindo cinicamente.

'Por favor, eu lhe peço, abandone meu filho, você também é mãe, deve querer a felicidade de sua filha como eu quero a do meu filho' – implorei.

'Acha então que sou eu que estou fazendo seu filho infeliz? Pois está errado, eu o faço feliz!'

'Não quis dizer isso, é que acho que ele está fazendo algo errado e será infeliz!' – Falei encabulado.

'Então sou algo errado?' – Perguntou Leda, rindo, debochando.

'São as atitudes dele que estão erradas!' – Falei, esforçando-me para manter a calma diante daquela mulher insolente.

'Não! Minha resposta é não! Não vou largar seu filho, só o farei quando cansar. Agora saia de minha casa senão chamo o jardineiro para colocá-lo para fora.'

Saí sem mais nada dizer, foi frustrada a minha tentativa de levar Leda a compreender. Minha esposa e eu sofremos com a situação, então lembramos do Espiritismo e começamos a ler livros espíritas e a frequentar um centro espírita, onde recebemos apoio e orientação.

Minha nora descobriu, ficou sabendo de tudo, discutiram e meu filho foi sincero com ela:

'Amo Leda e não você, não vou largar dela. Você que tome a decisão que quiser.'

Ela foi chorando para nossa casa, ele foi atrás. Ao me ver, gritou comigo:

'Então o senhor contou tudo a ela! Velho fofoqueiro!'

'Ah, o senhor sabia e não me contou nada! Não tomou nenhuma atitude! Deixou seu filho agir assim!' – Falou minha nora, chorando.

'Não tente me enganar, foi ele quem lhe contou. Foi até falar com Leda como se eu fosse um jovenzinho, um débil mental. Larga do meu filho, larga!' – Disse Oscar, ironizando.

'Eu não falei...'

Comecei a falar e Oscar me deu um murro no queixo, que me jogou no chão. Minha nora gritou, foi me acudir e levou um também. Levantei, tentei impedir que ele batesse nela e levei uns socos. Irado, ele saiu de casa. Minha nora, chorando, disse:

'Vou embora para a casa de meus pais e não volto mais!'

E foi, ela e as filhas foram embora, seus pais moravam em outra cidade. Eu fiquei machucado, com o rosto inchado.

Oscar ficou zangado em sua casa, não veio mais na nossa, estávamos sempre preocupados, vigiando-o sem que notasse. Então Leda, como dissera, cansou dele e não o quis mais. Oscar ficou deprimido, bebendo. Não foi mais trabalhar e foi despedido.

Estávamos passando por todas essas dificuldades quando sofremos mais um golpe. Meu filho caçula, com quase vinte e um anos, sofreu um acidente e desencarnou. Era noivo, pensava em se casar logo. Tínhamos uma casa que demos a ele para que morasse quando se casasse. Ele foi reformá-la, subiu no telhado da cozinha, que não tinha forro, uma viga de madeira quebrou e ele caiu, fraturando a vértebra do pescoço, e desencarnou. Sofremos muito, minha esposa e eu, mas nos esforçamos para colocar em prática o que sabíamos da Doutrina Espírita para não entrar em desespero. Tentamos nos conformar e ajudar nosso filho no plano espiritual. Vimos Oscar no velório, ele não se aproximou de nós, chorou muito, depois não o vimos mais.

Dois meses depois que meu filho desencarnou, numa reunião de estudo no centro espírita, no final, uma médium recebeu a comunicação de um benfeitor espiritual da casa, que, após dar algumas orientações, me disse:

'Carmelo, como acha que está seu filho no plano espiritual?'

'Creio que bem – respondi. – Uma pessoa boa, simples, trabalhadora como ele, só pode estar bem.'

'Falou certo! Ele está realmente bem, já adaptado no plano espiritual. Veio no tempo certo, sem abuso, sem apego. Com ele não precisa se preocupar, esse será o filho que não lhe dará preocupações. Mas há os outros. Carmelo, você não tem esquecido do outro? Na sua dor, não esqueceu de quem precisa de você?'

'O senhor está se referindo a Oscar? Sim, acho que me esqueci dele. Obrigado pela notícia e pelo conselho' – agradeci, sincero.

Preocupei-me tanto com ele que, após a reunião, fui à sua casa. Oscar me recebeu surpreso, não me esperava.

'Filho, posso lhe dar um abraço?' – Perguntei.

'Quer mesmo me abraçar? Eu lhe bati!'

'Quero-o bem, vamos conversar?'

'Pai, sofro muito! Não quero viver mais! Deus foi injusto, deveria ter me levado em vez do meu irmão. Não presto para nada!' – Disse Oscar tristemente.

'Não fale assim! Deus sabe o que faz!' – Falei, confortando-o.

Animei-o, conversamos por meia hora, mas estava tarde, temi que minha esposa se preocupasse e me despedi. Andei dois quarteirões, senti uma vontade enorme de voltar e o fiz. Empurrei forçando a porta, entrei na casa afobado, meu coração estava disparado e encontrei Oscar colocando uma corda na estrutura do teto da lavanderia. Entendi que meu filho queria se suicidar. Segurei-o.

'Deixe-me, pai! Quero morrer!'

Apertei-o com mais força e, com medo de não conseguir detê-lo, gritei por socorro. Pessoas que passavam na rua e vizinhos correram em meu auxílio e me ajudaram a segurá-lo.

Tivemos de amarrá-lo, o médico chamado veio e aplicou uma injeção que o fez dormir. Levamo-lo para nossa casa, minha esposa e eu cuidamos dele com todo carinho, vendemos seus móveis, pagamos suas dívidas e alugamos o imóvel para que ele pudesse ter alguma renda, e também mandávamos dinheiro para minha nora, que passou a morar com seus pais e arrumou um emprego.

Oscar pareceu melhorar da depressão e foi procurar emprego. Acabou se encontrando com Leda e voltaram a ser amantes. Meu filho mudou, voltou a ser alegre, deixou de tomar remédios, arrumou um emprego, embora esse fosse bem mais modesto. Minha esposa e eu não falamos nada, temíamos sua reação, que tentasse se suicidar de novo.

Meses depois, soubemos do ocorrido, da desencarnação de Leda. Oscar chorou muito, voltou a ficar infeliz e novamente o levamos ao médico. Passou a tomar remédios e voltamos a vigiá-lo.

'Agora morta, não será de ninguém, nem minha, nem do esposo, nem do outro. Amei uma devassa' – reclamava.

Com nosso carinho reagiu, foi voltando à vida normal e meses depois procurou a esposa para se reconciliarem, mas ela não o quis, estava com outra pessoa. Oscar interessou-se pelas filhas, passou a vê-las com frequência. Três anos depois arrumou outra companheira, pessoa boa, espírita, e acabou se tornando espírita também, tiveram três filhos.

Com tudo isso, tornamo-nos realmente espíritas, passei a estudar a Doutrina e anos depois fui o presidente do centro espírita que frequentávamos. Fiz muita caridade, ajudei as pessoas, tive uma desencarnação tranquila após uns dias enfermo. E continuei ativo no plano espiritual; após estudar, fui trabalhar em outro centro espírita, onde Virgílio e Silze trabalhavam, e depois vim ser protetor de Angélica.

Vou muito visitar meus familiares. Minha esposa, que também está desencarnada, trabalha num hospital no plano espiritual. Não quis trabalhar no centro espírita que frequentei quando encarnado, queria aprender com pessoas diferentes e também porque meus filhos frequentam lá e eu não quis ficar direto com eles, temendo fazer a lição que lhes cabe. Porque não me acho preparado para orientá-los sem ser paternalista e isso poderia até prejudicá-los, pois quando fazemos a lição do outro o privamos de aprender. E o aprendizado é um grande tesouro, patrimônio do espírito que nos acompanha por onde formos chamados a viver.

Se tenho ligação com Angélica? Tenho. Fui em outra encarnação Marcílio, o esposo dela.

Naquela época, quando a conheci, já estava passando da idade de me casar. Meus pais, preocupados, trataram de me arrumar uma noiva. No começo me revoltei, mas quando vi

Angélica, mudei de opinião e passei a cortejá-la. Nada demonstrava que ela não queria, namoramos, noivamos e casamos.

Amava muito meus filhos, eram lindos, sadios e pensava que tudo estava bem. Confiava nela e foi terrível o que ocorreu. Estava trabalhando quando me avisaram para que voltasse imediatamente porque meus filhos estavam desaparecidos.

Quando cheguei à estação da cidade em que morávamos, meu chefe estava me esperando, tentou me dar a notícia, suavizando:

'Marcílio, seus dois filhos estão desaparecidos, estavam perto do lago, procuramos por eles e não os achamos.'

'Mortos?' – Indaguei com medo.

'Eu disse desaparecidos, não sabemos o que aconteceu' – respondeu ele.

'E Angélica? O que meus filhos estavam fazendo lá?' – Perguntei.

'Tudo indica que estavam com a mãe, que ela estava na casa abandonada, deixou-os do lado de fora e não os viu mais.'

'Ela estava na casa e os deixou fora? Não entendo! O que Angélica fazia lá dentro? Fale-me, por favor! A verdade!' – Pedi.

'Você tem o direito de saber – falou meu chefe. – Angélica se encontrava com um amante!'

'Meu Deus!'

Senti que ia desmaiar, fui amparado por amigos. Compreendi que meus filhos deveriam estar mortos. Participei da busca no lago. Ao vê-los mortos senti tanta dor que não sei como não morri. Nem tive raiva de Angélica, achei que ela já tivera seu castigo, mas não queria vê-la mais. Fui embora daquela cidade. Mais tarde soube dela, que fora para o convento. Sofri muito, foi um período difícil para mim, mas fui me recuperando pela fé que tinha. Dois anos depois, arrumei outra companheira, uma mulher quase da minha idade, viúva, com dois filhos, ajudei-a a criá-los e tivemos um filho. Nunca esqueci desse acontecimento doloroso, mas tive o resto da existência tranquila e desencarnei por um infarto. Fui socorrido, aceitei o socorro e logo me adaptei ao plano espiritual. Visitei Angélica no convento e no asilo, compreendi que ela também sofreu muito, então a perdoei de fato. Estive desencarnado por alguns anos e reencarnei novamente.

Compreendi que não fui para ela, naquela época, um marido carinhoso, poderia ter sido um pouco mais romântico, percebido que ela era jovem, que queria ser amada e amar. Achei que, dando-lhe um certo conforto e que ela sendo mãe, tudo estaria bem. Porém, não se justifica o que ela fez, erros não têm justificativa, erra-se. Porém, há a intenção e os motivos são levados em conta, e por isso a reação não é igual para o mesmo erro. E ela sofreu muito e trouxe, pelo arrependimento, as consequências nessa encarnação. Julgou-se, sim, porque ninguém a culpava, só ela, indigna de ser mãe. Seu remorso fez adoecer seu órgão reprodutor, pois se julgava merecedora de sofrer e agora sentia-se quite com as leis divinas.

Isso pode acontecer; porém, cada pessoa reage de um modo, mas as reações, se não forem anuladas com muito amor, elas vêm nos reajustando, harmonizando-nos.

Poderia tê-la ajudado mais. Achei-me, naquela época, muito nobre por não a ter matado. Porém a castiguei, expulsando-a de casa, deixando-a ao relento, certo de que não nos amávamos e de que ela deveria ter resistido à tentação ao encontrar com Fábio. Porque os dois são espíritos que há várias encarnações se encontram e se amam. Na anterior, combinaram no plano espiritual de voltar ao plano físico e ficarem separados. Pois deveriam se reconciliar com seus desafetos. Fábio com a esposa e Angélica comigo. Mas não resistiram e por imprudência ocorreu a tragédia.

 Fábio, numa encarnação anterior, havia sido marido da que foi esposa dele na existência em que ocorreu a tragédia; para casar com Angélica, assassinou-a. Necessitavam voltar juntos para ele ser um bom esposo, acabar com a mágoa dela.

 Eu, no passado, agi com maldade com Angélica, fiz com que me odiasse. No século 12, eu era um monsenhor e aconselhei o pai dela a colocá-la no convento, porque este não queria que ela se casasse com Fábio, que na época era um simples empregado. Angélica foi forçada a ir para o convento e eu me encantei com ela, passei a assediá-la, atormentando-a. Estuprei-a e ela engravidou, teve o filho e eu mandei doá-lo, sem deixar sequer que ela o visse. Angélica me odiava. Um dia em que ela fingia aceitar meus carinhos, me golpeou na cabeça, me roubou e conseguiu fugir do convento. Foi atrás de seu amor e fugiram. Fiquei acamado por dias, com febre. Quando melhorei percebi o que ela fez, odiei-a e prometi vingar-me. Quando fiquei bom, passei a persegui-los, coloquei uns homens para descobrir onde estavam e paguei-os com o dinheiro da igreja. Não demorou para que eles me informassem que os dois viviam felizes numa pequena aldeia, como se fossem casados. Mandei que os matassem e eles o fizeram; Angélica estava grávida.

 Continuei minha vida de falso religioso, fiquei doente e desencarnei. Por esse abuso e por outros erros sofri muito. Angélica e Fábio me perseguiram por anos, depois foram socorridos e não os vi mais. Soube, porém, que ficaram alguns anos numa colônia espiritual e depois reencarnaram. A vida nos separou, mas a reconciliação se fazia necessária. Reencontramo-nos, Angélica e eu, antes de eu reencarnar como Marcílio, e prometemos ficar juntos, acabar com o rancor. Prometi ajudá-la, ser companheiro e amigo. Essa encarnação para mim foi importante, venci a tendência de me julgar ofendido e querer matar ou mandar, não quis mal a ela, não a prejudiquei, embora também não a tenha ajudado. E por não ter ajudado é que sinto a necessidade de fazê-lo agora, foi por isso que pedi aos orientadores do plano espiritual e tive permissão de auxiliar Angélica e Fábio, tentando orientá-los para que procedam bem e que possam juntos progredir sem egoísmo, que aprendam a amar de modo verdadeiro. E, certamente, para ensiná-los, eu terei de aprender e isso será muito bom para mim.

Aí está, amigo, minha história de erros e acertos, de alguém que quer melhorar, sentir o Criador em si e em todos."

E Carmelo tem razão, amar de modo puro, sem egoísmo, com desapego, é difícil, mas, quando queremos, podemos aprender. Deveria ser objetivo de todos nós aproveitar as oportunidades para aprender a amar. E Carmelo, não como devedor, mas como aprendiz, ali estava num trabalho edificante com ex-desafetos, aprendendo a amar.

capítulo 10

Uma história interessante

E Fábio? O que aconteceu com ele? Como ficou após a separação de Angélica na encarnação anterior?

Fábio também teve uma história interessante. E para que entendam todos os acontecimentos, vamos narrá-los, para que se possa compreender a justa Lei da Reencarnação.

Os pais de Fábio, Joaquim e Esmeralda, viveram numa cidade movimentada e grande. Quando Joaquim a conheceu, amou-a, e esse amor foi aumentando com o namoro. Esmeralda era muito bonita e ele tinha muito ciúme dela, medo de perdê-la, de repartir com outras pessoas seu carinho, seu amor. De modo possessivo, queria-a só para si. Casaram-se e, a pretexto de morar num lugar mais sossegado, ele comprou uma casa num local longe dos familiares dela e as visitas a eles foram escasseando, e também dava a entender que não eram bem-vindos. Tinha ciúme dela com os irmãos, com o pai e até com a mãe. Mas não falava abertamente, manipulava-a para fazer o que queria. Tentava compensá-la com agrados, mimos, com passeios e viagens. Esmeralda sentia falta dos familiares, de amigos, mas acabou por se acostumar e, mesmo morando na mesma cidade, via-os raramente.

Um dia, sua irmã ao visitá-la lhe falou:

— Esmeralda, não acha seu marido estranho? Que tem ciúme de você? Não se sente presa? Moram nessa casa isolada, tem muros altos e poucos vizinhos. Tem amizades por aqui?

— De fato a casa é isolada, temos poucos vizinhos e só os conheço de vista. Mas tenho um lindo jardim, sempre gostei de flores e passo o tempo todo cultivando-as. Joaquim não é estranho e não tem tanto ciúme de mim. E o modo de ele ser que parece diferente, mas é muito bom marido, agrada-me muito.

Mas essa conversa fez Esmeralda pensar, analisar, e achou que o marido estava separando-a das pessoas. Tentou conversar com ele, mas o esposo justificava:

— Esmeralda, vivemos muito bem assim. Por que ser diferente? Pessoas gostam de dar palpites só para desarmonizar. Está lhe faltando alguma coisa? Seus familiares não vêm aqui porque não querem e não fazem questão de nos receber. Esqueça-os. Amo-a tanto!

Esmeralda também o amava e tentava compreendê-lo e, para não brigar, para não entristecê-lo, aceitava. Porque também ele era assim com os familiares dele e foram se afastando, um vivendo para o outro.

Joaquim às vezes sentia que não era certo seu proceder, mas não tinha como vencer o ciúme. Se ele pudesse, ficaria ao lado dela o dia todo. Mas trabalhava e no trabalho também não tinha amigos. Vivia só para ela, como se fossem só os dois no mundo. Organizou tudo de tal forma que ela só saía com ele. Mas não a atormentava, nunca brigavam, era muito gentil e romântico.

Ele tinha um bom emprego, a casa em que moravam era dele, como também tinha outros imóveis que lhe rendiam bom lucro. Saíam muito, mas não eram assíduos a lugar nenhum para que não fizessem amizades.

Esmeralda sonhava com filhos, ele não queria, mas, para não magoá-la, não falava abertamente, dizia que não era para se preocupar, que eles viriam na hora certa. Mas fazia algo para evitar que Esmeralda tivesse filhos, pois não queria dividir seu amor com mais ninguém. Não gostava nem de pensar que a esposa pudesse cuidar de um nenê, e que não lhe desse mais atenção.

Joaquim conhecera quando era moço um índio que vendia ervas, fazia estranhos remédios, ele e seus amigos compravam, às vezes, alguns preparados dele, e Joaquim, curioso, indagava-o e soube de uma droga que tornava as pessoas inférteis. Nossos índios tinham e ainda têm muitos conhecimentos sobre plantas, e as que são anticoncepcionais são conhecidas deles há muito tempo. O remédio que interessou a Joaquim era uma garrafada, ervas numa garrafa. Ele deveria tomar uma dose todos os dias em jejum. Desde que ouviu isso do "erveiro", como chamavam o índio, planejou tomá-la quando se casasse e que ninguém deveria saber.

E assim fez. Esmeralda acreditava que era para bronquite e que tomando não teria as crises, só que ele nunca teve essa doença. Joaquim, satisfeito, viu que deu resultado, embora tivesse alguns efeitos colaterais, mas não se queixava. Apaixonado cada vez mais pela esposa, temia ter filhos e dividir o amor dela.

Esmeralda sempre sonhou em ter filhos. Esperançosa, esperava engravidar. Já estavam casados havia sete anos e ele a consolava:

— Meu amor, somos felizes você e eu. Se Deus não quer nos dar filhos, vamos nos conformar. Eu não me importo, tendo você já me basta.

Ela achava que ele também queria filhos, que só falava assim para agradá-la. Achava o marido gentil e amoroso.

Numas férias dele, foram viajar para longe, ele levou a garrafa com seu precioso remédio. Mas, ao tomá-lo pela primeira vez, deixou-a cair e a garrafa quebrou. Ele se aborreceu e preocupou-se.

— Joaquim, você já toma esse remédio há anos, não lhe fará falta ficar sem tomá-lo por uns dias. Depois o clima aqui é bom, o ar da montanha lhe fará bem.

Ele pensou e concluiu que talvez ela tivesse razão, tomava-o havia tanto tempo que seu efeito deveria continuar por alguns dias mesmo sem tomá-lo. As férias transcorreram normalmente e dias depois voltaram. Um mês depois ela descobriu que estava grávida.

— Como estou feliz! Deus escutou minhas preces. Um filho! Joaquim disfarçou sua decepção, sorria e a agradava. Mas o ciúme o atormentava. Pensava, aflito:

"Não posso permitir que outro ser venha interferir entre nós. Será amamentado, terá mimos, Esmeralda me deixará para segundo plano. Não posso permitir. Mas o que farei?"

Aos poucos planejou tudo. Convenceu Esmeralda a ter o filho em casa, isso foi fácil, pois naquela época era comum. O índio lhe deu o endereço de uma mulher que era boa parteira e que por dinheiro fazia qualquer coisa que lhe pedissem. Ele foi procurá-la e combinaram todos os detalhes.

— A senhora fará o parto, tirará a criança do quarto e me dará. Falará a ela que a criança nasceu morta. Devo sair e voltar logo, aí poderá ir embora e nunca mais voltar. E já sabe, segredo absoluto.

— Valho o que me pagam — respondeu a índia. — Não comentarei com ninguém. Trato é trato. Farei direitinho o que me pede. Mas o que ela fez para merecer isso? O filho não é seu?

Joaquim não respondeu e a mulher nada mais falou. Recebeu o dinheiro, metade no trato e a outra receberia após o trabalho.

Ele chegou em casa contente. — Esmeralda, contratei a melhor parteira para fazer seu parto. É uma índia treinada.

— Queria ir ao hospital, minhas irmãs tiveram filhos com médicos.

— Não será preciso! Tudo dará certo. Essa parteira é melhor que médico — falou ele, decidido.

Esmeralda ainda argumentou, mas não o convenceu. Resolveu que seria como ele queria e tratou de pensar nas roupinhas; só falava no bebê, e Joaquim, com ciúme, ouvia calado, achando que estava certo, teria que se desfazer da criança.

Mas tinha outro problema: o que fazer com a criança? Um dia, uma pessoa que trabalhava com ele comentou que tinha uma prima que ficara viúva com três filhos pequenos, que passava por necessidade e que estava difícil arrumar emprego. Joaquim, sorrindo, falou a ela:

— Dê-me o endereço da sua prima, talvez eu possa lhe arrumar trabalho.

A mulher, que se chamava Eugênia, morava numa cidade próxima. Com o endereço na mão, ele teve uma ideia, e logo no outro dia foi procurá-la.

– Vim aqui porque preciso de auxílio e a senhora também precisa de ajuda. Não vou falar quem eu sou nem quero que investigue. Minha irmã é solteira, está comigo e com minha esposa atualmente, porque está grávida. Mas meu pai não pode saber, ele é intransigente, conservador e nunca aceitaria uma filha mãe solteira. Certamente, se souber, irá enxotá-la ou mandá-la para um convento. Gosto muito dela e resolvi ajudá-la. Estamos escondendo o fato, ela terá o filho e precisamos de alguém para cuidar dele até que ela possa ficar com a criança. A senhora precisa trabalhar e, se aceitar, será bem remunerada, poderá cuidar dos seus e de mais um. Se sua resposta for sim, já começo a lhe pagar.

A mulher aceitou, achando que era uma proposta maravilhosa. Eugênia sabia cuidar bem de crianças, e depois poderia ficar em casa cuidando dos seus filhos, e com o dinheiro que receberia todo mês, daria para viver relativamente bem.

Joaquim combinou com ela que, na época em que a criança estivesse para nascer, ela viria para a cidade e ficaria aguardando numa pensão. Ela aceitou, sua mãe ficaria com seus filhos.

Ele planejou tudo, até roupas comprou e entregou à senhora. Trouxe a índia parteira para Esmeralda conhecer. Chegou o momento de a criança nascer, ele buscou a parteira e o parto foi fácil. Embora sempre resulte em dor e alguns transtornos para a mãe, a índia pôde fazer sem dificuldades o combinado. Levou o nenê rápido para a sala e entregou-o a Joaquim, que o enrolou. Por segundos olhou para a criança, era um menino perfeito e bonito. Levou-o rápido para a pensão e pediu que Eugênia fosse embora logo.

– Vou limpá-lo e vesti-lo, dentro de duas horas estarei no trem rumo a minha casa. E pode ficar sossegado, senhor, cuidarei bem dele.

Joaquim voltou rápido para casa. Esmeralda descansava, a índia recebeu seu pagamento e foi embora. Ele entrou no quarto.

– Joaquim, o que aconteceu com nosso filho? Ele nasceu morto mesmo?

– Eu o levei correndo ao médico, mas a criança estava morta. Sinto muito!

Ele a agradou, consolou, mas Esmeralda estava inconsolável e isso lhe deu mais raiva, porém se controlou.

– Vamos ter outro, não é? Quero um filho! – Disse Esmeralda, chorando.

– Claro! Mas agora trate de descansar.

– Quero ver nosso filhinho! Traga-o aqui para que eu possa beijá-lo.

– Esmeralda, ele está morto. As freiras organizaram o sepultamento.

Ela se conformou e era grata ao esposo pelos cuidados que tinha com ela, porque pensava que ele sofria, mas que fazia de tudo para ajudá-la. As famílias souberam, houve visitas, a mãe de Esmeralda criticou:

– Talvez fosse o caso de tê-la levado para um hospital.

– Teria acontecido do mesmo modo. A criança estava morta – respondeu ele secamente.

Foi voltando tudo ao normal. Joaquim conseguiu, em troca de pagamento extra, registrar a criança, o filho, como pais desconhecidos, deu-lhe nome de Fábio, um sobrenome inventado e o mandou para Eugênia. Fez isso, como mandava também todo mês o dinheiro combinado por um portador, um moço que fazia esse tipo de serviço. Colocava as cédulas num envelope vedado e às vezes pedia para Eugênia escrever algumas linhas lhe dando notícias.

Esmeralda quis conhecer o túmulo do filho. Joaquim então comprou um, fez uma lápide bonita com o nome que a esposa havia escolhido se a criança fosse menino: Gabriel. Foram, ela levou flores, chorou e ele a consolou. Não tinha nada enterrado, mas ela pensava que ali estava seu filhinho amado. E ia muito ao cemitério. Joaquim não descuidou do remédio, continuou a ser o marido amoroso que fazia tudo para distraí-la e ela tentava disfarçar a tristeza quando estava com ele.

Três anos se passaram quando Eugênia escreveu para ele. Mandou a carta pelo portador, que necessitava muito lhe falar. Joaquim foi à casa dela, conversaram na sala.

– Não quer ver seu sobrinho? – Indagou Eugênia.

– Não, prefiro não o ver. Ele está bem?

– Sim, está. É um menino bonito e inteligente. Chamei-o aqui porque vou casar novamente e me mudar para longe. E tenho que ter sua autorização para levar o menino – falou Eugênia.

– Minha irmã também casou, e o marido não pode saber desse fato, do filho. Você quer o menino?

– Amo-o como se fosse meu. Fábio me deu sorte, com o dinheiro que o senhor nos manda não passamos necessidade. Ele é feliz conosco, queremos continuar com ele – disse Eugênia.

– Claro! – Respondeu Joaquim. – Para mim está bem, ele se acostumou com vocês, pode levá-lo. A senhora dará ao portador o endereço, darei um jeito de mandar dinheiro duas vezes ao ano para ele, até que fique adulto. Mas a senhora não poderá lhe dizer nada. Está bem?

– Nem se quisesse dizer não poderia, não sei nem seu nome.

Eugênia casou-se, mudaram e Fábio foi com eles. Ela era uma mulher simples, mas bondosa, gostava do menino como se fosse seu. Fábio cresceu, era esperto, estudou, dava-se bem com os filhos de sua mãe adotiva, eram como irmãos. Às vezes ele queria saber de seus pais e ela contava o que supunha saber:

– Você é filho de mãe solteira, foi seu tio que o trouxe para eu criá-lo e nos tem mandado dinheiro. Sua mãe casou-se depois e o marido não sabe que ela teve um filho. Certamente ela o ama, mas não pode ficar com você.

– Sabe, mãe Eugênia, sinto que minha mãe me ama e que às vezes chora por mim – falou Fábio.

– Não pense nisso, você é meu filho, todos aqui gostam de você.

Às vezes ele ficava mais curioso, mas Eugênia realmente só sabia o que lhe contara e aconselhava-o a não pensar ou se aborrecer.

– Isso foi há tempo. Não deve tentar descobrir nada, você está bem conosco, é o que importa.

Na adolescência, Fábio teve vontade de investigar, mas não o fez. Afinal, nada lhe faltava, ele tinha família.

Joaquim, de tanto tomar as ervas, ficou impotente e com mais ciúme da esposa. Esmeralda nada fazia para contrariá-lo, entendia-o e pensava:

"Ele sofreu com a morte de nosso filho, não demonstrou para não me deixar pior. Queria outros filhos mas nada falou, temendo me ofender, pois sou eu a culpada".

Joaquim às vezes olhava para a esposa e sentia remorso. Ela era tão boa! E ele sempre foi contra adoção.

– Esmeralda, se Deus não nos deu mais filhos deve ter suas razões. Depois, você já ficou grávida uma vez, poderá ficar de novo.

Quando mais velho, dava desculpa da idade.

– Já somos velhos e filhos não nos fazem falta, temos um ao outro.

Joaquim ficou doente, acamado, e a esposa cuidou dele com muito carinho. Ele parou de mandar dinheiro, mas Fábio já estava moço e já trabalhava.

Joaquim sofreu muito e desencarnou. Esmeralda se viu sozinha, estavam separados de todos. Compreendeu que também fora culpada, porque aceitou o que o esposo fizera. Antes de o esposo adoecer, escondida dele, Esmeralda ia muito num orfanato que ficava perto de sua casa e, viúva, passou a trabalhar lá como voluntária, dedicando todo seu tempo a cuidar dos nenês. Fez um testamento deixando tudo o que tinha para a instituição. Desencarnou tranquilamente enquanto fazia mamadeiras no orfanato. Foi socorrida por desencarnados bons que trabalhavam ajudando as crianças ali abrigadas, levaram-na para uma colônia e logo estava bem.

"Queria ver meu Joaquim; ele desencarnou primeiro que eu e não o vi."

Esmeralda pedia sempre. Após um tempo em que estava trabalhando, sendo útil, o orientador a chamou para uma conversa.

– Esmeralda, Joaquim não está aqui na colônia. Está vagando no umbral, para onde foi desde que desencarnou.

– Meu Joaquim? Mas por quê? Ele foi tão bom... – indagou, surpresa.

— Você poderá visitá-lo daqui a três dias, eu a acompanharei. Iremos até onde ele está, mas se prepare para saber algo desagradável e para perdoar.

Esmeralda ficou pensando e concluiu que talvez desconhecesse algo que o esposo tivesse feito para ter ido e já estar há muito tempo no umbral. Talvez uma traição, mas isso não teria tanta importância. Aguardou ansiosa a visita. Embora já tivesse estudado como era o umbral, lá teve um impacto e achou um lugar feio e sujo. Ao ver o esposo no canto de uma gruta escura, Esmeralda se apoiou no orientador e este lhe deu forças. Aproximaram-se:

— Joaquim!

— Esmeralda! Você aqui? — Exclamou ele, surpreso.

— Desencarnei também e vim vê-lo. Por que está aqui, meu marido? — Indagou Esmeralda.

— O remorso...

Ia parar de falar, mas o orientador queria ajudá-lo, queria que ele falasse a Esmeralda o que fez, que lhe pedisse perdão, e ele falou pausadamente.

— Esmeralda, nosso filho não morreu...

Ele contou tudo: ela escutou, tremendo e chorando. Quando Joaquim acabou, fez-se um silêncio profundo, até que ela conseguiu falar:

— Meu Deus! Por que fez isso, Joaquim? Não entende que nosso amor não ia ser diminuído? Que quando repartido ele aumenta? Como pôde? Quero ir embora! Por favor, me leve daqui!

O orientador a levou, e Joaquim voltou ao seu canto. Voltaram à colônia; Esmeralda chorou muito. Após desabafar, o orientador consolou-a:

— Você precisava saber o que aconteceu, achamos que teria forças, que não se desesperaria e que o perdoaria.

– Não vou me desesperar, choro porque o que ele fez foi algo que me chocou, nunca poderia imaginar, é inacreditável, aterrorizante. Vou perdoá-lo, quero fazer de tudo para não ter mágoa dele. O mais difícil será ele se perdoar. Se meu filho está encarnado, quero vê-lo. Por favor, leve-me para conhecê-lo.

E Esmeralda foi conhecer Fábio, que já morava em outra cidade, e havia ocorrido o acidente com os filhos de Angélica. Pôde sempre visitá-lo e o amou muito.

Esmeralda também perdoou Joaquim, foi muitas vezes visitá-lo, orientá-lo, e foi após muitos anos que ele pôde ser socorrido. Não ficaram juntos, porém ela muito o ajudou.

Esmeralda quis saber se havia algum motivo para Joaquim ter agido daquela forma.

"Será que Joaquim e Fábio foram inimigos? Por que o esposo teve tanto ciúme? Como ele pôde fazer isso com seu próprio filho?"

Foram indagações que ela fez ao seu orientador, que, para responder, foi com ela ao Departamento das Reencarnações, na colônia, e Esmeralda pôde então saber.

Na sua encarnação anterior se encontrou com Joaquim, que a amou, mas ela era casada. Seu esposo não fora bom, bebia e a espancava, Joaquim queria que ela se separasse do marido para ficar com ele, mas ela não quis, alegou que não podia fazer isso por causa dos filhos. Ele ficou solteiro, sozinho, amando-a a distância. Fábio, nessa encarnação, não tinha nada a ver com ele, não se conheciam, não foram inimigos, nem amigos. Seriam pai e filho.

– Muitas vezes, Esmeralda – explicou o orientador –, achamos que desentendimentos são só por encarnações passadas. Acontece que aquele que não está harmonizado no amor faz sempre desafetos.

Joaquim, abrigado, passou a fazer tarefas, estudar e a fazer um tratamento que o ajudou a se reequilibrar.

Fábio cresceu tendo Eugênia por mãe, os filhos dela como seus irmãos e nunca procurou investigar ou saber mais sobre o mistério do seu nascimento. Foi um moço cativante, bonito, falante, muitas jovens ficaram interessadas nele, inclusive Rosinha. Passaram a namorar e ele sentia que necessitava protegê-la. Às vezes esse sentimento era tão forte que não conseguia entender. Rosinha não precisava de proteção, seu pai era muito bom, tinha uma família estruturada e feliz. Mas o pai dela não queria o namoro. Rosinha insistiu, então o pai arrumou um bom emprego para Fábio no correio. Eles se casaram, viveram bem e tiveram três filhos, dois meninos e uma menina. Ele foi promovido e transferido para uma outra cidade, que ficava longe da que eles moravam.

Gostaram da cidade. Logo que se mudaram, Fábio viu Angélica e não conseguiu pensar em mais nada. Gostava da esposa, mas se apaixonou por Angélica, pareceu que ao vê-la encontrara o grande amor de sua vida. Mas eram casados e tentou resistir à tentação de vê-la, de marcar um encontro. Mas acabou fazendo. Sentiu que a amava muito quando a teve nos seus braços e tudo fazia para ir ao seu encontro. A esposa desconfiou, ele não queria magoá-la, era muito boa, mas não conseguia ficar sem ver Angélica.

Quando aconteceu o acidente, todos ficaram sabendo. Rosinha chorou muito e Fábio sentiu-se péssimo. A esposa mandou chamar o pai. Este veio, soube de tudo, não falou nada e voltou para sua casa, mas conseguiu transferir Fábio para longe daquela cidade.

— Fábio — disse Rosinha —, você quer ir atrás dela ou quer cuidar de seus filhos? Talvez eles morram também sem você.

Isso doeu muito nele, lembrou que fora filho adotivo e que nunca soube quem eram seus pais. Sofreu com isso e não tinha o direito de fazer seus filhos sofrerem. Já bastava o que tinha ocorrido com os filhos de Angélica.

– Fico com você e com nossos filhos, perdoe-me, Rosinha, foi uma loucura.

– Uma loucura que fez a infelicidade de muitas pessoas. Perdôo porque temos filhos e eles merecem ter pai e mãe para não serem como você, um órfão na vida.

Embora se sentindo covarde, ele não procurou Angélica. Enquanto o pessoal da cidade procurava os filhos dela, ele foi à casa abandonada e escreveu o bilhete. Só saía para ir trabalhar, e todos ao vê-lo comentavam, e ele não sabia como agir. Soube que o marido de Angélica a expulsara de casa e que fora para o convento, sentiu alívio, ali ela estaria protegida. Mudou com a família para longe. Nunca mais foi feliz. Amava mesmo Angélica e tinha remorso por não a ter ajudado, por ter agido errado, por não ter resistido à tentação de tê-la. Achava-se culpado por tanta infelicidade e tentou ser bom esposo. Rosinha o perdoou realmente, reconciliaram-se, iniciaram vida nova, onde ninguém sabia do ocorrido, e tiveram mais dois filhos. Ele conseguiu ser bom pai e esposo. Rosinha desencarnou, ele ficou viúvo, aposentou-se e foi ajudar em trabalho voluntário em um asilo, achando que assim ficaria de alguma forma unido ao seu grande amor, pois soube que Angélica trabalhava também num asilo. Gostou do seu trabalho, passou a lhe dedicar todo seu tempo e foi lá que um dos abrigados lhe falou de certos ensinamentos, que embora não tivessem para eles o nome de Doutrina Espírita, era o conhecimento da verdade de uma forma simples e justa, uma outra forma

153

de entender os ensinamentos de Jesus. Fábio se interessou muito e passou a vivenciá-los.

Ele desencarnou, foi socorrido pelos espíritos que ajudou no asilo e logo se adaptou. Ativo, passou a trabalhar e a estudar. Encontrou-se com Angélica, conversaram muito e ele lhe pediu perdão.

— Perdoe-me, Angélica, fui covarde abandonando-a daquela forma. Erramos juntos e você sofreu muito mais.

— Eu o compreendo, Fábio, e acho que agiu certo. Não podia abandonar seus filhos. Tudo já passou e não há como mudar os acontecimentos. Fomos imprudentes, não resistimos, havíamos combinado ficar separados. Eu o perdôo, mas é difícil eu me perdoar. Devíamos ter resistido e não ter descuidado de meus filhos.

— Fomos imprudentes, mas não fizemos por mal.

— Não devíamos ter feito, não tem justificativa – falou Angélica.

Resolveram estudar, aproveitar a oportunidade para aprender no plano espiritual e planejaram reencarnar.

Foi uma alegria para Fábio encontrar com sua mãe, Esmeralda, mas chocou-se ao saber de tudo.

— Não entendo! Por quê? – Indagou Fábio surpreso.

— Meu filho, Joaquim estava desequilibrado – explicou Esmeralda. – Seria tão bom você visitá-lo, ele receber seu perdão.

Fábio pediu um tempo para isso, achou incrível toda sua história. Meses depois, sentindo-se preparado, foi visitar o pai com sua mãe. Abraçaram-se. Joaquim lhe pediu perdão, chorando.

— Não podia ter lhe feito isso, privei-o do amor de mãe, perdoe-me, meu filho.

– Perdôo! Por que não esquecemos tudo isso? A vida continua e sempre temos oportunidade de aprender. Quem não errou? Sejamos amigos.

Angélica queria reencarnar, queria esquecer, e Fábio decidiu fazê-lo também; pediram e seus pedidos foram atendidos. Ele rogou aos orientadores:

– Para melhor aproveitar essa reencarnação, queria, se possível, ter por empréstimo bens materiais e depois perdê-los.

– Seu pedido será aceito; você não será muito rico, mas terá bens para administrar, e se for trabalhador, após perder, não será um necessitado. Mas como quer passar por isso? – Indagou um dos orientadores.

– Quero reencarnar entre uma família de posses financeira, ser rico e ficar pobre – falou Fábio, decidido.

– Não prefere o contrário? Talvez você possa se revoltar.

– É isso que quero. Provar a mim mesmo que passarei por isso e não me revoltarei.

– Está bem, assim será – disse o orientador.

Fábio e Angélica não fizeram planos de se reencontrar. Ela disse:

– Que aconteça o melhor para nós.

– Não estaremos longe, mas também prefiro pensar como você, que esse encontro seja para o nosso bem. Quero aproveitar bem essa oportunidade da reencarnação.

– Eu também – falou Angélica.

E se reencontraram.

155

capítulo II

Com os filhos

Todos estavam bem na Casa do Penhasco. Depois do acontecimento do copo, iam com frequência ao centro espírita, e faziam toda semana o Evangelho no Lar, liam livros espíritas e Henrique participava da mocidade espírita e nada sentia de diferente. Fábio e Angélica tornaram-se realmente espíritas e se amavam cada vez mais.

Angélica terminou o colegial e resolveram casar. Embora ela estivesse feliz, preocupou-se, pensou muito. Como privá-lo de ser pai? Resolveu conversar com ele.

— Fábio, amo você, mas sabe que não poderei ter filhos.

— Soube disso logo após tê-la conhecido. Lembra? Você me disse, achei até engraçado, naquela época só estava interessado em você. Mas por que você está preocupada com isso agora? Depois, filhos não são só os biológicos. Sempre quis adotar uma criança, até fiz uma promessa. É verdade! Vou lhe contar como foi que a fiz. Sempre gostei dessas serras, desde pequeno passeio por elas: em excursões, com guias, com meu pai. "Uma vez, eu estava com dezenove anos, organizei um passeio com uma turma de crianças que tinham de dez a quinze anos. Visitamos o topo de uma das serras, fomos de caminhão até a trilha e depois subimos todos contentes. Lá em cima é uma beleza, a vista é encantadora, fizemos o nosso piquenique e em seguida resolvemos ir mais adiante, seguindo uma outra trilha. Organizamos a fila e vi, preocupado, que faltava um dos garotos. Tentei não ficar nervoso, indaguei à turma, ninguém o vira. Onde estaria João Alfredo? Era assim que chamava o garoto. Teria voltado? Descido? Ficado para trás? Onde estaria? Após uma hora de procura, comecei a me desesperar. Organizei três grupos para procurá-lo, falei com a primeira turma: "Vão por esta trilha, mas não longe, caminhem por trinta minutos e depois voltem, mesmo se não o encontrarem. Dois de vocês fiquem aqui, talvez ele tenha se afastado e volte. E vocês, do terceiro grupo, desçam e peçam ajuda antes que escureça. Eu vou procurá-lo pela mata." Andei em volta, tentando não me perder, me machuquei todo, me arranhei e nada de achá-lo. Fui ao local em que estava o segundo grupo, que ficou onde fizemos a merenda, o primeiro voltou e nada de encontrá-lo. Desesperei-me, a responsabilidade era minha; fui eu que organizei o passeio, afastei-me deles, ajoelhei no chão e orei com fé:

"Deus, ajude-nos! Que João Alfredo seja encontrado! Eu prometo, se o acharmos, que adoto uma criança!"

Chorava e orava, quando escutei:

"Fábio! Hei, vocês, onde estão?"

Corri e lá estava João Alfredo. Lágrimas correram abundantes, chorei de alívio ao vê-lo bem. O que aconteceu foi que João Alfredo se afastou sem falar nada para fazer suas necessidades fisiológicas, achou um lugar convidativo e resolveu deitar, descansar uns minutos, e dormiu. Incrível que ele não tenha escutado nossos gritos, chamando-o. Sentimo-nos aliviados e descemos em seguida. Encontramos junto ao caminhão uma equipe que ia subir para nos ajudar a procurá-lo. Nunca mais organizei excursões. Contei à minha mãe a promessa que fiz.

"Fábio – disse ela –, você estava desesperado quando a fez. Depois, isso não se resolve sozinho, você, para adotar uma criança, terá que obter o consentimento de sua esposa. Vamos pedir ao padre para mudar essa promessa."

Mas eu não quis e o tempo foi passando. Agora que sou espírita, entendo que não se devem fazer promessas, não se deve dar nada em troca por algo recebido, mas foi feito. E seria para mim importante que você, Angélica, concordasse em adotar uma criança. Realmente não me importo em não os ter biologicamente, mas quero tê-los por amor, pelo coração.

Fábio quietou-se e Angélica o abraçou.

– Não só um, mas dois, três. Seremos bons pais, Fábio, cuidaremos, protegeremos nossos filhos. Filhos que Deus nos dará.

O casamento deles foi uma festa muito bonita. Realizou-se no jardim da Casa do Penhasco, casaram só no civil. Ela se vestiu com o traje tradicional de noiva; estava linda e, como Fábio, muito feliz.

– Fábio, sinto-me muito bem, tranquila. É tão bom estar com você e sentir que por isso não fizemos a infelicidade de ninguém! Não é engraçado ter essa sensação?

– Não. Porque eu também sinto isso, tranquilidade. E ver todos felizes com a nossa felicidade é bom demais – falou Fábio, rindo.

Foram morar num apartamento na cidade.

Fabiana passou na universidade, foi estudar fisioterapia em outra cidade. Namorava Leco, que também foi estudar fora. Henrique fazia planos de continuar os estudos. Roberto foi transferido, iriam mudar-se.

Fábio comprou a Casa do Penhasco e, assim que os sogros se mudaram, transferiram-se para lá. A casa seria ideal para recebê-los, pois planejaram adotar crianças, os filhos do coração.

Nena e Antonio ficaram com eles.

– Menina Angélica, gostamos muito daqui e agradecemos por nos deixar ficar. Ajudarei você com as crianças – falou a empregada.

– Fábio e eu é que agradecemos. Será bom tê-los conosco, já que meus pais se mudaram. Não me sentirei tão sozinha tendo vocês por perto.

O casal entrou na fila para a adoção na capital do estado, tiveram a promessa de que logo teriam um nenê. Angélica se pôs a preparar o enxoval.

– Angélica – disse Fábio –, estou impressionado com um sonho que tive esta noite. Sonhei com uma senhora muito bonita, tranquila, que me chamou de filho e, interessante, senti que era minha mãe, e ela me disse: "Logo, filho querido, estarei ao seu lado, como sua filha". Acordei com uma saudade imensa desse espírito.

– Fábio, esse espírito pode ter sido sua mãe em outra existência e que se prepara para vir até nós. Que bom, fico contente, teremos uma filha.

Mas foi no hospital da cidade que um bebê foi abandonado. Fora uma moça que deixou um nome falso e num descuido fugiu do hospital, deixando o menino. O diretor então chamou Fábio.– A criança está aqui, podemos dar a vocês, será um órfão a menos.

Fábio foi imediatamente falar com Angélica.

– O que faremos? Não deve demorar para recebermos a criança que esperamos. Ficar com este? Mas é menino e esperamos uma menina.

– Fábio, por que não ficamos com este menino e continuamos na fila? Talvez a que esperamos demore, mas, se não demorar, podemos muito bem ficar com os dois.

– Está certo, quero ficar esperando esta menina. Se você acha que podemos ficar com os dois e que não terá importância serem pequenos, tudo bem.

– Nena me ajudará. Depois, é nossa intenção adotar mais de um. Vamos buscá-lo.

Deram-lhe o nome de Marcelo. A criança encantou a todos, necessitava de cuidados especiais, era magrinho e fraco. Angélica e Nena, com carinho e mimos, trataram dele e logo estava bem. Três meses depois, receberam o aviso para buscar uma menina. Fábio alegrou-se.

– É a minha menina, Angélica. Vamos buscá-la, Nena ficará com Marcelo.

Foram no mesmo dia para a capital do estado buscar a criança.

– É a nossa Melina! Amo você, filhinha! – Exclamou Fábio ao vê-la.

Felizes, trouxeram-na para casa.

Carmelo, que continuava com eles, ficou muito contente. Marcelo era Joaquim, o pai que abandonara Fábio e que agora vinha para uma reconciliação, e o casal se incumbira de ensiná-lo a amar de forma verdadeira. Melina fora Esmeralda, não precisava esse espírito ser abandonado, mas confiou em Carmelo, que tudo fez para encaminhá-la para junto de Fábio, seu filho amado, já que Angélica não poderia conceber. Depois, como Esmeralda disse: "Pais são os que criam e o amor não é só pelos que geram". E ela tinha e tem razão. Assim, Fábio teve em seu lar espíritos reencarnados que foram seus pais e agora, como filhos, reatariam laços de carinho.

Reformaram a casa, fizeram do local uma diversão para os filhos.

As crianças estavam com dois anos quando um empregado de Fábio desencarnou, deixando a esposa grávida. Este casal chegou na cidade precisando muito de ajuda, vieram de longe à procura de emprego. Fábio arrumou para ele limpar terrenos, um lugar para morar e colocou os filhos na creche que Angélica cuidava. Com alimentos e remédios, logo as crianças ficaram sadias. Ele desencarnou de repente, tinha doença de Chagas. A mulher foi falar com ele.

– Senhor Fábio, o senhor é muito bom, tem nos ajudado muito, tenho três filhos e este será o quarto. Quero ir embora para meu estado, para a cidade onde moram meus pais, assim que meu filho nascer. Queria que o senhor me ajudasse a ir e que ficasse com este que estou esperando.

– Vou ajudá-la!

E nasceu mais um menino, Milton. Fábio e Angélica receberam mais um filho, um negrinho lindo e sadio, e a mulher com os outros foram embora e nunca mais voltaram.

Em seguida avisaram-nos de que havia uma menina para adoção, pois eles continuavam na lista. Foram buscar Mônica, uma criança linda e sadia.

– Bem, agora a família está completa! – Exclamou Angélica. – Quatro filhos!

– Parece que falta um – falou Nena, rindo –, o do nome que começa com Mu.

As crianças cresciam fortes, sem problemas e muito amadas. Melina tinha adoração pelo pai. Podia estar fazendo o que fosse que, ao vê-lo chegar em casa, corria para abraçá-lo.

– Meu papai querido! Meu filhinho!

Todos riam, achando graça.

Nena e Antonio ajudavam Angélica a cuidar dos filhos. As crianças gostavam muito deles e os chamavam de avós.

Fábio estava bem financeiramente. Tinha uma rede de sorveterias pelo litoral e imobiliárias. Era bom patrão, dava emprego a muitas pessoas, fazia de tudo para que seus empregados estudassem, e por meio da imobiliária arrumava emprego para muitos.

Tentou pedir a políticos que fizessem uma creche no povoado. Não conseguindo, ele mesmo a fez, e Angélica tomava conta. Ali ficavam crianças para que as mães pudessem trabalhar. Vendo que necessitavam de um pronto-socorro, ele o fez, dando emprego a muitas pessoas. Sustentava sozinho aquele benefício. Angélica gostava de trabalhar lá, cuidava daquela gente, orientando, ensinando-os até a ter higiene.

Os dois também ajudavam muito na assistência social do centro espírita que frequentavam.

Roberto e Dinéia os visitavam sempre e Henrique passava as férias com eles, eram avós e tios corujas. A família de Fábio, que morava na cidade, também amava as crianças e estavam sempre juntos.

Foi então que Fábio teve uma oferta tentadora: comprar uma chácara grande para lotear.

– Parece, Angélica, que é um ótimo negócio, mas para ter dinheiro para comprá-la, terei de me desfazer, vender muitos bens que possuímos, e talvez até fazer um empréstimo.

– Pense então, Fábio. Faça o que lhe parecer melhor, não entendo de negócios. Mas sinto que venda as sorveterias; você faz um trabalho tão bonito com os garotos que emprega, pagando-os todos os meses e exigindo que estudem. Se recebessem só quando trabalhassem, não iriam estudar, pois vendem sorvete só nas férias, feriados e finais de semana. Dá a eles assistência médica e está sempre os orientando e aconselhando-os. Será que quem comprar as sorveterias fará isso?

– Tenho que ponderar isso também. Mas essa chácara me parece um bom negócio.

E Fábio resolveu pensar mais um pouco.

Carmelo estava ansioso, esperava uma resposta e que o acontecimento planejado se realizasse a contento.

Lembrou que, uns dias atrás, ele tinha ido à colônia e pedira uma audiência com orientadores para falar sobre Fábio.

– Sei que Fábio planejou ter por empréstimo, nessa encarnação, bens materiais e perdê-los depois. Mas esse acontecimento envolverá muitas famílias, pessoas. Ele administra imobiliárias, uma rede de sorveterias, emprega muitos indivíduos. É ativo na assistência social do centro espírita que frequentam, tem boas ideias, financia empreendimentos e, com o seu dinheiro, são sustentadas muitas famílias. Também tem o trabalho que ele faz com garotos que estariam na rua se não fosse o que lhes oferece. E há a creche no povoado. O sustento do pronto-socorro e o abrigo para as crianças fica caro e, se ele perder, tudo irá ser fechado. É ali o único lugar que as mães pobres têm para deixar com segurança os filhos para trabalhar, e os doentes têm médico e remédios de graça.

Os orientadores ficaram de estudar e dar a resposta a ele. Também Carmelo aguardava esperançoso o desenrolar de outro acontecimento. Lembrava da conversa que tivera meses atrás com Osvaldo, sim, aquele que por tempos estivera assombrando a Casa do Penhasco.

— Quero, Carmelo, reencarnar, preciso esquecer os erros que tanto me incomodam, quero recomeçar para aprender. Desejo tanto ser filho de Fábio e Angélica, a minha Carequinha, que agora tem lindos cabelos longos. Que bom seria se eles me aceitassem como filho, estar nessa casa não mais como intruso, mas como parte da família.

— Não posso prometer por eles, mas posso por mim. Vamos planejar, tenho certeza de que eles não o recusarão.

Um circo pobre passou pela cidade, uma jovem solteira sentiu-se mal, foi para o hospital e o médico constatou uma gravidez de alto risco. Teve de ficar internada e quando teve alta foi para o abrigo do centro espírita, um albergue que não só dava pouso como também hospedava temporariamente pessoas que não tinham onde ficar. Essa moça estava aflita, longe dos seus familiares, porque o pessoal do circo seguiu viagem, e também não sabia como fazer para criar seu filho.

O médico que a atendeu preocupou-se com ela, estava a moça correndo risco de vida. Carmelo e outros amigos tentaram ajudá-la; pouco puderam fazer. Aquela gravidez atrapalhava sua vida, queria estar no circo, fazer suas acrobacias e interpretar seus papéis de teatro, aquele tempo parada a tiraria do ritmo e de forma. Ficava calada remoendo sua revolta. Esta é a mãe de Osvaldo, esse espírito que, tendo outra oportunidade de reencarnar para um recomeço, para uma aprendizagem, ia, por meio dessa maravilha que é a encarnação, ter outro corpo para viver um tempo no plano físico.

Na noite de sábado, no horário marcado, Carmelo foi à colônia, onde um orientador o recebeu.

– Temos a resposta, Carmelo. Pensando no bem-estar de muitos que vivem das atividades de Fábio, ele continuará rico!

Carmelo sorriu aliviado e o orientador completou:

– Sendo para o bem, podem-se mudar os planos feitos antes de reencarnar. Pelo livre-arbítrio muda-se tanto para o bem como para o mal. São muitos os fracassados que planejam isso e aquilo e a ilusão da matéria os faz esquecer e deixam de fazê-lo. Como também se podem anular reações desagradáveis pelo amor, pelo bem feito a companheiros de jornada. Fábio queria, por isso planejou ficar pobre e não se revoltar, mas ele já provou a si mesmo que não o fará; a revolta não faz parte do seu caráter. E ele com o empréstimo que recebeu, das posses financeiras, usou de tal modo que não será ele só o envolvido; se ficasse pobre, seriam muitos a ficar muito mais. E também são muitas as orações de gratidão que nos chegam, pedindo proteção a ele e a sua família. Muitas pessoas não sabem como seria a vida sem a ajuda de Fábio. Gratidão é uma força imensa e a bênção desse sentimento fortalece, inspirando para o melhor. Para Fábio, que está provado que é desprendido, ficar pobre seria um período de trabalho a mais; realmente os mais prejudicados seriam os que ele ajuda. Por isso, Carmelo, Fábio continuará com esses empréstimos, porque cuida bem deles, é fiel depositário e merece receber mais[13].

No domingo de manhã, quando Fábio levantou-se, Angélica já estava na sala com os quatro filhos.

– Angélica – disse ele –, hoje levantei me sentindo ótimo. Decidi não comprar aquela chácara. Não sei como

---

13 – É interessante notar que Fábio tinha seu livre-arbítrio e poderia não ter atendido ao conselho dos mentores. A decisão final foi de Fábio (N.E.).

pude pensar em tal investimento. Eles estão me pressionando; vou agora dar minha resposta: será, definitivamente, não. E como me sinto aliviado!

– Que bom, Fábio! Não estava gostando de vê-lo preocupado. Acho que tomou a melhor decisão, não queria que vendesse as sorveterias e deixasse o projeto com aqueles garotos que estudam e trabalham.

Fábio foi ao telefone e falou com a pessoa que lhe queria vender as terras, ele ainda insistiu, mas o esposo de Angélica foi taxativo e descartou de vez o negócio.

O telefone tocou, Fábio atendeu e após foi até a esposa:

– Angélica, sabe aquela moça do circo que estava grávida? Ela desencarnou na sexta-feira no parto, deixou órfão um garotinho. Telefonaram do hospital dando-me a notícia, como também avisaram a família no circo; no entanto, só veio a mãe dela para o enterro e disse não querer levar a criança, deixou-a para ser adotada. Disseram que ele é pequenino, mas sadio.

Olharam-se, entenderam, Angélica levantou e falou:

– Vamos?
– Sim! – Respondeu Fábio.

Angélica gritou para Nena, que estava na cozinha.

– Nena, olha as crianças para mim que vou ali e já volto.
– Ali onde? – Perguntou Nena, indo para a sala.
– Buscar... Voltamos logo! – Respondeu Angélica.

E de fato, uns quarenta e cinco minutos após, voltaram e foram para a sala onde Nena estava com as crianças. Angélica sentou-se. A garotada, curiosa, aproximou-se e olhou o que ela tinha nos braços.

– Venham ver, este é o mais novo membro de nossa família, o irmãozinho de vocês.

— Como ele chama? — Perguntou Mônica.
— Murilo! — Respondeu Fábio.
— Ele não tem dente — falou Milton.
— É muito pequeno — disse Melina, observando-o.
— Você também foi pequenina, ele crescerá logo — explicou Fábio.

Murilo bocejou e sorriu. Todos riram. Angélica os olhou, amava-os e em pensamento agradeceu a Deus pelos filhos, pela oportunidade de ser mãe. Aconchegou o nenê junto ao coração. Fábio, emocionado, não quis chorar, mas duas lágrimas escorreram pelo rosto e exclamou em voz alta:

— Obrigado, Papai do Céu, pela família que temos!

Fim

---

* Ao terminar a leitura deste livro, talvez você tenha ficado com algumas dúvidas e perguntas a fazer, o que é um bom sinal. Sinal de que está em busca de explicações para a vida. Todas as respostas de que você precisa estão nas Obras Básicas de Allan Kardec.

* Se você gostou deste livro, o que acha de fazer com que outras pessoas venham a conhecê-lo também? Poderia comentá-lo com aquelas do seu relacionamento, dar de presente a alguém que talvez esteja precisando ou até mesmo emprestar àquele que não tem condições de comprá-lo. O importante é a divulgação da boa leitura, principalmente da literatura espírita. Entre nessa corrente!

Muitos são os chamados

**Vera Lúcia Marinzeck de Carvalho
ditado por Antônio Carlos**

Romance | 16x23 cm
176 páginas

Durante sua festa de formatura, Marcos sente uma grande atração por Mara - a noiva de Romeu, seu colega de estudos. Jovem e ambicioso, Marcos pretende enriquecer no exercício da medicina. Fascinado por Mara, rompe seu namoro de tantos anos com Rosely, que sempre o apoiou. O jovem médico - perseguindo a fortuna - não conta com um incidente fatal: uma moléstia grave, que o impede de continuar enriquecendo. Depois de encontrar a cura por meio de cirurgias espirituais, Marcos é influenciado e abandona o Espiritismo. Novamente empenhado na conquista de bens materiais e esquecido da própria saúde, ele desencarna. Do outro lado da vida, ele enfrenta experiências dramáticas que o levam a repensar seu modo de agi

 www.boanova.net

 www.facebook.com/boanovaed

 www.instagram.com/boanovaed

 www.youtube.com/boanovaeditora

**Entre em contato com nossos consultores e confira as condições
Catanduva-SP 17 3531.4444 | boanova@boanova.net**

SE NÃO FOSSE ASSIM... COMO SERIA?

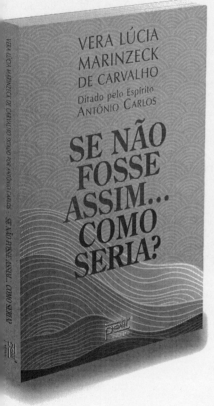

VERA LÚCIA MARINZECK DE CARVALHO
Ditado pelo Espírito ANTÔNIO CARLOS

Romance | 16x23 cm | 240 páginas

Nesta obra, o autor Antônio Carlos organizou relatos de desencarnados que lamentam o "se" de atos equivocados. São histórias de atitudes que tiveram consequências e que, após o retorno, aqueles que as cometeram lastimaram e pensaram: "E 'se' tivesse sido diferente?". E não conseguem a resposta para "Como seria?". Muitos pensam: "E 'se' não tivesse casado?"; "E 'se' tivesse estudado?"; "E 'se' tivesse ido morar em outro lugar?" etc. Neste livro, não estão narrativas assim, são relatos diferentes, como o de Joana, que fez uma escolha para proteger o filho; Ivonete, que permitiu corrupção; Benedito, que trocou bebês recém-nascidos; Jonas, que não teve coragem de assumir que acreditava na reencarnação. Vocês, leitores, com certeza gostarão muito de ler essas histórias de vida e, por essas leituras, se sentirão incentivados a fazer escolhas certas com sabedoria e amor, para não terem o "se" para incomodar e, assim agindo, fazerem parte, um dia, da turma do "ainda bem".

boanova@boanova.net
www.boanova.net | 17 3531.4444

LEMBRANÇAS
QUE O TEMPO NÃO APAGA

VERA LÚCIA MARINZECK DE CARVALHO
Ditado pelo Espírito ANTÔNIO CARLOS

Romance | 15,5x22,5 cm | 256 páginas

"Esta é a história de cinco espíritos que, após terem uma reencarnação com muitas dificuldades, quiseram saber o porquê. Puderam se lembrar, porque tudo o que acontece em nossas existências é gravado na memória espiritual, e a memória é um instrumento que Deus nos concedeu para que tivéssemos consciência de nossa existência. O tempo acumula as lembranças, que são o registro da memória dos acontecimentos que se sucedem. E esses registros são muito úteis para cada um de nós, pois nos confortam e ensinam. Acompanhando esses cinco amigos, conhecemos algumas de suas trajetórias encarnados: seus erros e acertos, alegrias e tristezas. Em certo ponto, eles reencarnam com planos de reparar erros com o bem realizado e de aprender para agilizar a caminhada rumo ao progresso. Será que conseguiram? Você terá de ler para saber. E agradecerá no final pelos conhecimentos adquiridos e pelas interessantes histórias!"

boanova@boanova.net
www.boanova.net | 17 3531.4444

VIOLETAS DE PATRÍCIA

VERA LÚCIA MARINZECK DE CARVALHO

Ditado pelo Espírito PATRÍCIA

Mensagens | 10 x 15 cm | 160 páginas

"Para você – De Patrícia

Este livro é pequeno somente no tamanho, mas grande no conteúdo. É uma coletânea de frases dos quatro livros escritos pela Patrícia: Violetas na janela, Vivendo no mundo dos espíritos, A casa do escritor e O voo da gaivota. Verdadeiras pérolas literárias que enfeitam e perfumam nossa vida, além de alegrar nossa alma. Que gostoso lê-las! De fato, é um presente para nós."

boanova@boanova.net
www.boanova.net | 17 3531.4444

VERA LÚCIA MARINZECK DE CARVALHO
Obras ditadas pelo espírito Patrícia

Violetinhas na janela
20x27 cm | 96 páginas

Violetas na janela
16x23 cm | 296 páginas

Box contendo 4 livros

A casa do escritor
16x23 cm | 248 páginas

O voo da gaivota
16x23 cm | 248 páginas

Vivendo no mundo dos espíritos
16x23 cm | 272 páginas

  www.petit.com.br

O QUE ELES PERDERAM

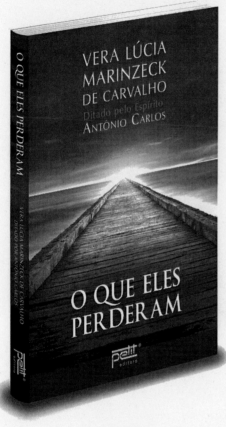

Vera Lúcia Marinzeck de Carvalho ditado por Antônio Carlos

Romance | 16x23 cm | 256 páginas

— Meu Deus! Ajude-me a não perder nada! — rogou Clara.
A aprendiz Clara rogou com sinceridade e de coração no final de um trabalho em que uma equipe de trabalhadores desencarnados, para um estudo, participou de alguns casos em que os envolvidos estavam unidos numa trama obsessiva.
Com riqueza de detalhes, Antônio Carlos, um excelente contador de histórias, transformou em livro alguns relatos de casos que auxiliaram. O que pensam e sentem aqueles que querem se vingar? O obsessor? Tem ele justificativas? Infelizmente, as desculpas não são aceitas. E o obsediado? A vítima naquele momento. Será que é só uma questão de contexto?
Esta leitura ora nos leva a sentir as emoções do obsessor ora as dores do obsediado.
São sete dramas. Que dramas! E os motivos? Paixões não resolvidas, assassinatos, disputas, rivalidades, a não aceitação da desencarnação de alguém que se ama etc.
Por um tempo, ambos, obsessor e obsediado, estiveram unidos. E o que eles perderam? Para saber, terão de ler esta preciosa obra.

boanova@boanova.net | www.boanova.net | 17 3531.4444

QUANDO O PASSADO NOS ALERTA

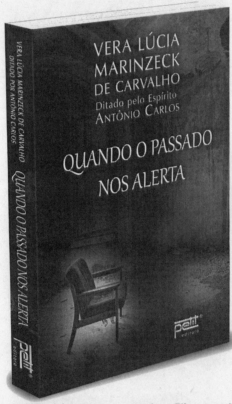

Vera Lúcia Marinzeck de Carvalho ditado por Antônio Carlos

Romance
16x23 cm
256 páginas

Num feriado, a família viaja para as montanhas. Elias, entediado, deixa a esposa e os filhos no hotel e sai para pescar. Perde-se no caminho e, ao ver uma ruína, curioso, entra no lugar. Aí é que tudo acontece... Elias recorda que já viveu nessa antiga pousada, Águia Dourada. Saudoso, lembra do grande amor de sua vida, dos encontros e desencontros. Vê e escuta um espírito que lhe é agradecido e que tenta mostrar a ele que está agindo errado, repetindo os mesmos erros de outrora. Ele é encontrado um dia depois, e nada justifica não ter conseguido sair das ruínas. De volta para casa, Elias procura e encontra explicações sobre o que aconteceu com ele. Você, amigo leitor, ao ler este livro, entenderá os muitos porquês de fatos que ocorrem conosco. Somos realmente herdeiros de nós mesmos. Porque o passado pode realmente nos alertar.

boanova@boanova.net | www.boanova.net | 17 3531.4444

O Mistério do sobrado

Vera Lúcia Marinzeck de Carvalho ditado por Antônio Carlos
Romance | 16x23 cm | 208 páginas

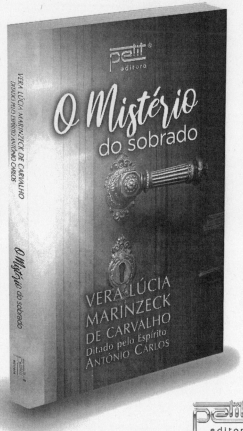

Por que algumas pessoas – aparentemente sem ligação mas com as outras – foram assassinadas naquela sala, sem que ninguém nada escutasse?

Qual foi a razão que levou as vítimas a reunirem-se justamente na casa de dona Zefa – uma mulher de bem, tão querida por toda a vizinhança?

"O mistério do sobrado" é um romance intrigante, que fala de culpa e arrependimento, de erros e acertos.

Uma narrativa emocionante, onde o mistério e o suspense certamente prenderão a atenção do leitor das primeiras até as últimas páginas – conduzindo-o a um desfecho absolutamente inesperado e surpreendente...

Entre em contato com nossos consultores e confira as condições
Catanduva-SP 17 3531.4444 | boanova@boanova.net

Levamos o livro espírita cada vez mais longe!

Av. Porto Ferreira, 1031 | Parque Iracema
CEP 15809-020 | Catanduva-SP

www.**petit**.com.br
www.**boanova**.net

petit@petit.com.br
boanova@boanova.net

17 3531.4444

17 99257.5523

Siga-nos em nossas redes sociais.

@boanovaed

boanovaeditora

CURTA, COMENTE, COMPARTILHE E SALVE.
utilize #boanovaeditora

Acesse nossa loja

Fale pelo whatsapp